Vandana Shiva
mit Kartikey Shiva

Eine Erde für alle!

Einssein versus das 1%

Aufstehen gegen die Monokultur von Wirtschaft und Weltsicht

Aus dem Englischen von
Laura Spies

NEUE ERDE

Bücher haben feste Preise.

2. Auflage 2022
Vandana Shiva mit Kartikey Shiva
Eine Erde für alle! Einssein vs. das 1 %

Der Titel des englischen Originals lautet »Oneness vs. the 1 %: Shattering Illusions, Seeding Freedom« und wurde erstmals 2018 in Indien veröffentlicht von Women Unlimited, New Delhi.

Aus dem Englischen von Laura Spies.

Titelseite:
Vignette: Neelima Rao
Gestaltung: Neelima Rao und DesignIsIdentity.com, GB

Satz und Gestaltung:
DesignIsIdentity.com, GB
Gesetzt aus der Palatino

Gesamtherstellung: Appel & Klinger, Schneckenlohe
Printed in Germany

ISBN 978-3-89060-797-9

Neue Erde GmbH
Cecilienstr. 29 · 66111 Saarbrücken
Deutschland · Planet Erde
www.neue-erde.de

MIX
Papier aus verantwortungsvollen Quellen
FSC® C100257

Inhalt

Vorwort

Was bedeutet es, zu leben, am Leben zu sein?
Was bedeutet es, gut zu leben, gesund zu sein?
Was ist Wissen, was ist Intelligenz?
Was ist Ökologie, was ist Ökonomie?
Was ist Freiheit, was ist Demokratie?
Wie sieht unsere Zukunft aus?

Wir sind gezwungen, in unserer Zeit – der Zeit des möglichen Aussterbens unserer Spezies – zu diesen grundlegenden Fragen zurückzukehren. Das derzeit vorherrschende Wissensparadigma fördert die Schaffung von »Vermögen« und beruht auf der »repräsentativen« Demokratie. Es sprengt jedoch die Grenzen des Planeten und verletzt die Rechte aller anderen Spezies, die diesen Planeten mit uns teilen, sowie die Rechte und Freiheiten der meisten Menschen.

Wir müssen diese Fragen neu stellen in einer Zeit, in der das 1 % der Menschen den Reichtum und die Macht kontrolliert und dabei unseren Planeten und unser gemeinsames Leben zerstört, ohne für seine Handlungen zur Rechenschaft gezogen zu werden. Denn diese Menschen haben clevere Wege gefunden, Illusionen zu schaffen: die Illusion der Trennung der Menschen von der Erde und der Trennung des 1 % von der übrigen Gesellschaft: als ob es keinen gemeinsamen Reichtum und keine gemeinsame Zukunft gäbe.

Wohlergehen und das Erleben von Wohlergehen sind zeitlos. »Wohlstand« bezeichnet einen Zustand des Wohlergehens. Der »Markt« hat sich zwischen uns und unser Wohlergehen gestellt und uns von unserem Potential und unseren Bedürfnissen abgeschnitten. Auch hat sich der Markt immer weiter verfestigt, ebenso wie sich die globale Macht verfestigt hat.

Im Jahr 2010 besaßen 388 Milliardäre so viel Vermögen wie die ärmere Hälfte der Menschheit; diese Zahl sank 2011 auf 177, 2012 auf 159, 2013 auf 92, 2014 auf 80 und 2016 auf 62; 2017 schrumpfte sie auf nur noch acht. Im Jahr 2020, so scheint es, wird es nur noch *einer* sein.

Im Jahr 2008, während des globalen wirtschaftlichen Zusammenbruchs, als viele Menschen ihr Zuhause und ihren Arbeitsplatz verloren, sicherten sich Milliardäre weltweit ihren Industriebesitz. Die Aktienkurse hatten den Tiefpunkt erreicht, und die Superreichen kauften die Wirtschaft zu Niedrigstpreisen auf. Es kam zu gelegen, um bloßer Zufall zu sein: Es war die Macht der Geldmaschine, die dazu geführt hat.

Die Geldmaschine ist darauf programmiert, plattzuwalzen, zu zerstören, anzuhäufen, auszulagern und auszuschlachten. Wie die Krebszelle, die nicht weiß, wann sie aufhören soll zu wachsen, sind Zusammenschlüsse, Fusionen und Konzentration die einzige Logik, die die Geldmaschine versteht. Und so wie die Krebszelle am Ende ihren Wirt zerstört, so wird auch die Geldmaschine den Planeten und unsere Gesellschaften, an denen sie sich bereichert, zugrunde richten.

Wir müssen uns wieder auf unsere Intelligenz und Kreativität besinnen, um der Geldmaschine zu widerstehen und gewaltfreie Alternativen zu schaffen. Wir müssen den Markt von der Geldmaschine und unser Leben von den milliardenschweren Diktatoren zurückfordern. Wir müssen wieder unsere wirklichen Freiheiten einfordern und dürfen uns nicht länger verführen lassen: von den trügerischen Freiheiten des »Freihandels« und Konzernvorgaben, von einer von Algorithmen gelenkten Demokratie und vom blinden Konsum. Wir müssen aufstehen und selbst entscheiden, was wirklicher Reichtum ist und was die Rahmenbedingungen für unser Wohlergehen sein sollen.

Wird das »Endspiel« für die Menschheit mit der Beherrschung durch die *eine* Macht des großen Geldes enden? Oder wird es uns gelingen, durch unser Einssein – als *eine* Erdengemeinschaft, *eine* menschliche Familie – das »Betriebssystem« von Beherrschung und Ausrottung abzuschalten, damit unser Potential zu Selbstorganisation und Kreativität uns in eine andere Zukunft führen kann?

Die Vielfalt der Kulturen und Sprachen geht verloren – und mit ihnen unsere Vorstellungskraft. Soziale Gewalt und Spaltung sind überall zur Norm geworden, da sich die wirtschaftliche Polarisierung und die Ungleichheiten verschärfen. Alle Gesellschaften sind mit einer Demokratiekrise konfrontiert, denn Big Money reißt die repräsentative Demokratie an sich und benutzt Wahlen, um die Menschen durch Hass und Angst gegeneinander aufzubringen. Wahlen lenken das öffentliche Bewusstsein von den wahren Ursachen der Probleme ab und hindern uns daran, uns zu organisieren und aufzulehnen, um den Planeten zu schützen, unsere Gesellschaft wieder aufzubauen und unsere Demokratie und unsere Wirtschaft zurückzufordern.

Die Menschheit steht vor einem Abgrund. Wir wissen nicht, ob wir es schaffen werden, weiter zu bestehen und das Potential für unsere zukünftige Entwicklung auszuschöpfen. In ökologischer Hinsicht entsteht Unsicherheit, weil jeder Aspekt des vorherrschenden Denk- und Gesellschaftsmodells die Fähigkeit der Erde zerstört, unser Leben zu erhalten. Der Verfall und das Aussterben unzähliger Spezies, die Zerstörung von Böden und Wasserressourcen sowie das Klimachaos zerrütten die Grundbedingungen dafür, weiterhin als Glieder der Erdengemeinschaft existieren zu können. Aber das ausbeuterische Modell von wirtschaftlicher »Entwicklung« und »Wachstum«, die Kontrolle durch Konzerne und die von Gier getriebene Wirtschaft zerstören nicht nur die Natur, sondern auch unser Menschsein: die menschliche Fähigkeit zu Solidarität und Mitgefühl und die Fähigkeit, füreinander zu sorgen.

Durch die Illusionen und Gedankenmuster, die die Mächtigen geschaffen und dem Rest der Menschheit auferlegt haben – insbesondere in den letzten zwei Jahrhunderten des Aufstiegs des auf fossilen Brennstoffen beruhenden Industrialismus und des mechanistischen, reduktionistischen Denkens –, verlieren wir unsere Fähigkeit, das Leben nicht nur ökologisch, sondern auch sozial als Gemeinschaft aufrechtzuhalten. Entwurzelung, Enteignung und Flüchtlingsströme sind die Schattenseiten des illusionären Modells des grenzenlosen Wachstums auf einem Planeten mit ökologischen Grenzen, die Schattenseiten der Ausübung grenzenloser Macht durch die Mächtigen: durch künstliche Raster, die aus Kategorien und entsprechenden Narrativen bestehen.

Aber es ist nicht unmöglich, vom Abgrund zurückzutreten und dem Aussterben zu entgehen. Wir können uns von der mechanistischen Welt der künstlichen Konstrukte abwenden und von den Mächten und Paradigmen befreien, die uns dort hingetrieben haben. Wir können erkennen, dass wir Mitglieder der Erdengemeinschaft sind; dass die Erde das Potential und eine erstaunliche Fähigkeit zur Regeneration und Erneuerung besitzt; und da wir Teil der Erde und nicht von ihr getrennt sind, teilen wir diese Fähigkeit und dieses Potential mit ihr. Ein Bewusstsein für unsere Macht, »selbst der Wandel zu sein, den wir sehen wollen«, wie Gandhi sagte, bildet die Grundlage für die Kultivierung von Hoffnung, Liebe und Mitgefühl in diesen Zeiten der Verzweiflung, der Angst und des Hasses.

In den Krisen, die uns an den Abgrund getrieben haben, liegen die Samen der Hoffnung und der Freiheit, die Samen zur Erneuerung unseres Menschseins und unseres Erdenbürgertums. Die Überlebenskrise, mit der wir heute konfrontiert sind, ist das Ergebnis einer ausbeuterischen Wirtschaft. Und die wird durch künstliche, vom mechanistischen Denken geschaffene Abtrennungen beherrscht. Sie ist das Ergebnis der falschen Annahme, dass Gier eine Tugend sei, die von der Gesellschaft belohnt werden müsse. In einem Interview im Mai 2017 sagte Stephen Hawking, dass die Menschheit vor einer Überlebenskrise stehe, die so schwerwiegend sei, dass in den nächsten hundert Jahren entweder die Menschheit ausgelöscht werde oder wir von der Erde fliehen und andere Planeten kolonialisieren müssten.[1]

Diese Vorstellung, man könne die planetarischen Grenzen für die nächste Eroberung, die nächste Flucht überschreiten, nährt nur die illusorische Idee eines linearen menschlichen Fortschritts. Sie blendet unsere Einheit mit der Erde ebenso aus wie die Erkenntnis, dass sie unsere einzige Heimat ist. Sie ignoriert, dass die Krise, in der wir uns befinden, in Wirklichkeit eine Folge der Kolonialisierung der Erde und ihrer unterschiedlichen Kulturen ist, für deren Zerstörung niemand zur Rechenschaft gezogen wurde. Flucht hat in der Vergangenheit zur Kolonialisierung geführt – und nach derselben Logik von

Beherrschung und Eroberung denkt man nun auch an die Kolonialisierung anderer Planeten.

Cecil Rhodes, der Simbabwe (ehemals Rhodesien) kolonialisiert hat, erklärte freimütig:

> Wir müssen neue Ländereien finden, wo wir leicht Rohstoffe gewinnen können und zugleich die billige Sklavenarbeit ausnutzen, die durch die Einheimischen in den Kolonien zur Verfügung steht. Die Kolonien können auch als Abladeplatz für die überschüssigen Waren dienen, die in unseren Fabriken produziert werden.[2]

Dies ist das Vorbild für die Wirtschaft des 1 %. Die Instrumente der Ausbeutung und die Kolonien mögen andere sein, aber die Methoden der Kolonialisierung bleiben dieselben: Das 1 % stiehlt, was anderen gehört, macht es zu seinem Eigentum, kassiert Mieten von den ursprünglichen Besitzern und macht die Vertriebenen zu billigen Sklaven, um Rohstoffe zu beschaffen und einen Markt für ihre Industrieprodukte zu generieren.

Diese Form der Kolonialisierung der Natur und der Menschen stößt jetzt jedoch an ihre Grenzen. Wenn es keine Notwendigkeit mehr gibt für Sklaven oder ausgebeutete Arbeiter, die den Schrott kaufen, den das 1 % zu bieten hat: minderwertige Nahrungsmittel und minderwertige Kleidung, minderwertige Nachrichten und minderwertige Medien; wenn die Erde vollends ausgebeutet und verschmutzt ist und die Grenzen des Planeten erreicht sind; und wenn seine lebenserhaltenden Systeme zerstört sind, dann wird es keine Produktion mehr geben. Kein Überleben.

Aber es gibt Möglichkeiten jenseits von Kolonialisierung und unseres Aussterbens. Es gibt eine dritte Option – nämlich am Leben zu bleiben, indem wir für die Erde und füreinander sorgen und den Planeten und unser gemeinschaftliches Menschsein wiederbeleben.

Nur als *eine* Erdengemeinschaft und *eine* Menschheit, geeint in unserer Verschiedenheit, können wir einander halten, vom Abgrund zurücktreten und der zerstörerischen, Völkermord und Ökozid verursachenden Herrschaft des 1 % entkommen. Wir können umkehren und den Weg in unsere Freiheit beschreiten: frei zu leben, frei zu denken, frei zu atmen, frei zu essen.

Dieses Buch ist ein Ausdruck der Hoffnung, verwurzelt im Einssein – in der Philosophie von *Vasudhaiva kutumbakam*, der Eine-Erde-Familie. Es gründet auf der Hoffnung, die von unserem Potential ausgeht, Trennung und Spaltung zu überwinden, damit wir als eine Menschheit auf einem Planeten denken, handeln und leben. Und dies im vollen Bewusstsein unserer Verbundenheit und unserer Verantwortung, jeden Tag, jeden Augenblick unseres Lebens aktiv daran mitzuwirken, das natürliche und soziale Netz des Lebens zu bewahren und zu erneuern. Seine Heiligkeit der Karmapa, Ogyen Trinley Dorje, hat es »mitfühlende Beherztheit« genannt: die Beherztheit, aus Mitgefühl zu handeln.[3]

Es gab auch früher schon Befreiungsbewegungen: Wir haben unser Denken und unsere Kulturen von den Fesseln des Imperialismus befreit. Wir haben die künstlich geschaffenen (aber »eingebürgerten«) Kategorien von Rasse, Geschlecht, Klasse und Hautfarbe überwunden. Ebenso können wir mit unserer Schöpferkraft und Fantasie, mit unserer Solidarität und Verbundenheit eine planetarische Freiheitsbewegung schaffen. So können wir uns von den Ketten und aus den Kerkern befreien, die die Vorspiegelungen des mechanistischen Denkens geschaffen haben oder die Geldmaschine oder eine Demokratie, die nur noch Fassade ist. Wir können durch wirkliche Intelligenz wirkliches Wissen zurückgewinnen und neu herausbilden. Durch unser schöpferisches Potential können wir mit der Natur wirklichen Reichtum wiedergewinnen und neu bilden. Wir können auf der Erde die Saat für wirkliche Freiheit und echte Demokratie säen.

Jetzt war schon immer unsere Zeit. Dies ist das Wiedererstehen des *Realen*. Denn *real* ist unser *Einssein* und unsere Untrennbarkeit. *Real* ist unsere gelebte und lebendige Intelligenz. *Real* ist unsere Selbstorganisation, unsere Kreativität, unsere Freiheit. *Real* ist unsere Möglichkeit, für unsere gemeinsame Zukunft die Saat der Vielfalt, der Hoffnung, des Mitgefühls und der Verbundenheit zu säen.

Kapitel 1

Das 1 % gegen *eine* Erde, *eine* Menschheit

Wir sind eine Erdenfamilie, eine Menschheit.
Wir sind verbunden durch unsere Vielfalt, Intelligenz und Kreativität und durch unser Mitgefühl.

Zum ersten Mal in der Geschichte der Menschheit ist unsere gemeinsame Zukunft als Spezies nicht mehr gewährleistet. In nur 500 Jahren Kolonisation (davon 200 Jahre im Zeitalter der fossilen Brennstoffe) und 20 Jahren der Globalisierung durch die Konzerne, hat die Menschheit der Erde so viel Schaden zugefügt, dass es für ihr eigenes Aussterben reicht. Die Blindheit des 1 % gegenüber dem Potential des Lebens, den Menschenrechten, den zerstörerischen Auswirkungen ihrer »Konstrukte« hat dafür gesorgt, dass der Gang über den Abgrund unausweichlich ist. Sie bezeichnen ihre destruktive, kolonialisierende Macht als »überlegen«, während die schöpferischen, gewaltfreien Kräfte der Natur, der Frauen, der indigenen Völker und der Bauern als »rückständig« oder »passiv« betrachtet werden. Im von ihnen konstruierten Narrativ vom linearen Fortschritt gibt es nur einen Weg – nach vorn. Aber wenn man bereits an einem Abgrund steht, bedeutet weiter voranzugehen, in den Abgrund zu stürzen.

Unsere gemeinsamen und untrennbaren Freiheiten in unserer Verschiedenartigkeit werden durch die Freiheiten bedroht, die sich das 1 % durch Freihandelsabkommen, Instrumente der Massenmanipulation und die Einhegung des Gemeingutes durch Patente genommen haben. Sie verfestigen sich weiter, indem sie Einheitlichkeit und Monokulturen, Spaltung und Trennung, Monopole und externe

Kontrolle, Zentralisierung und Zwang durchsetzen und der Welt ihre Paradigmen und Narrative auf undemokratische Weise aufzwingen. Das wirtschaftlich und politisch mächtige 1 % versucht – von der Erde und dem Menschsein (auch ihres eigenen) abgekoppelt –, jeden Bereich unseres Lebens zu kontrollieren.

Vielfalt und unsere wechselseitig verwobenen Freiheiten

Das Einssein ist die eigentliche Quelle unserer Existenz: unsere Verbundenheit mit dem Universum, mit allen Wesen (auch den Menschen) und mit unseren lokalen Gemeinschaften. Das Einssein ist in unsere vielfältige lebendige Intelligenz und Kreativität eingewoben. Es stellt den Zusammenfluss unserer reichhaltigen und lebensvollen Vielfalt dar – der biologischen Vielfalt, der kulturellen Vielfalt, der wirtschaftlichen Vielfalt, der politischen Vielfalt und der Vielfalt des Wissens. Sie beruht auf dem tiefen Verständnis, dass Leben und Freiheit eins sind, dass unsere Freiheit als Menschen und als Glieder der Erdengemeinschaft nicht von der Freiheit der Erde zu trennen ist. Bäume und Pflanzen versorgen den Menschen mit Sauerstoff, und Menschen und andere Tiere liefern das notwendige Kohlendioxid im lebendigen Kohlenstoffkreislauf. Bäume schaffen die Voraussetzungen für unsere Freiheit. Die Mykorrhiza-Pilze im Boden versorgen die Pflanzen mit Nährstoffen und beziehen ihre eigene Nahrung aus ihnen. Die Freiheit der Pflanzen ist abhängig von der Freiheit der Mykorrhiza-Pilze. Und ein Boden, der reich an organischer Substanz ist, enthält eine Fülle von zuträglichen Pilzen, die für Pflanzen und letztlich auch für Menschen und Tiere, die sie verzehren, gut sind; unsere Freiheit zu leben und zu gedeihen ist mit allem verwoben.

Die Fürsorge für unser Saatgut, unseren Boden, unsere Luft und unser Wasser wird erweisen, wie weit wir bereit sind, uns für unsere Zukunft in die Pflicht zu nehmen. Die Prozesse, die unseren Boden, unsere biologische Vielfalt, unser Luft-, Wasser- und Klimagleichgewicht zerstören, töten auch unser Menschsein.

Mitgefühl entsteht auf natürliche Weise aus Verbundenheit und dem Bewusstsein, miteinander verwoben zu sein. Es handelt sich dabei nicht um die »Philanthropie« (Menschenliebe) der Milliardäre, denn ihre Milliarden werden durch gewaltsame Ausbeutung erwirtschaftet, und sie setzen sie in der Philanthropie ein, um neue Märkte zu schaffen und mehr Geld zu verdienen. Vor allem ist diese »Philanthropie« nicht mit Mitgefühl gleichzusetzen, weil sie davon ausgeht, dass Geld die einzige menschliche Währung ist. Wir haben einen Notstand. Und doch reagieren wir nicht auf die Ursachen der Krisen, mit denen wir konfrontiert sind.

Wir befinden uns an einem kritischen Punkt in der Evolution des Planeten und in unserer Evolution als Spezies. Mehr als 90 Prozent der Nutzpflanzensorten sind verschwunden; etwa 75 Prozent der pflanzengenetischen Vielfalt ist durch die Monokulturen des mechanistischen Geistes zum Aussterben verurteilt worden.[1] Wir leben im Zeitalter des sechsten Massenaussterbens; dies ist der Moment, in dem wir die biologische Vielfalt auf unseren Bauernhöfen und Feldern, in unseren Küchen und auf unseren Tellern wieder herstellen müssen, damit wir die Klimakrise, die Gesundheitskrise und die Krise der Kontrolle der Konzerne über unsere Nahrung bewältigen.

Laut dem Dichter und Philosophen Rabindranath Tagore besteht die Besonderheit der indischen Kultur darin, dass sie das Leben im Wald als die höchste Form der kulturellen Evolution definiert hat. In seinem Essay *Tapovan* schreibt er:

> Die zeitgenössische westliche Zivilisation ist aus Ziegelstein und Holz gebaut. Sie ist in der Stadt verwurzelt. Aber die indische Zivilisation hat sich dadurch ausgezeichnet, dass sie die Quelle ihrer materiellen und intellektuellen Regeneration im Wald und nicht in der Stadt verortet hat. Die besten Ideen Indiens sind dort entstanden, wo der Mensch mit Bäumen, Flüssen und Seen in Verbindung stand, weit weg von den Menschenmassen. Der Frieden des Waldes hat der intellektuellen Entwicklung des Menschen geholfen. Die Kultur des Waldes hat die Kultur der indischen Gesellschaft

beflügelt. Eine Kultur, die aus dem Wald hervorgegangen ist, wurde von den vielfältigen Erneuerungsprozessen des Lebens beeinflusst, die im Wald immer im Spiel sind, von Spezies zu Spezies, von Jahreszeit zu Jahreszeit, im Sehen, Hören und Riechen. Das einigende Prinzip des Lebens in Vielfalt, des demokratischen Pluralismus, wurde so zur Grundlage der indischen Zivilisation.

Die Wälder sind der Hort der biologischen Vielfalt und können uns Lektionen in Demokratie erteilen; sie können uns lehren, Raum mit anderen zu teilen und gleichzeitig aus dem gemeinsamen Lebensnetz all das zu schöpfen, was wir brauchen.

Demokratie ist Teilhabe, und da Teilhabe verkörpert und nicht körperlos ist, ist die teilhabende Demokratie eine gelebte und lebendige Demokratie. Wir müssen eine Bewegung aufbauen, die die Rechte der Natur und von Mutter Erde anerkennt und die Verletzung dieser Rechte als Ökozid behandelt.[2]

Das Leben ist selbstorganisiert, das Leben ist intelligent

Jede Zelle, jede Mikrobe, jedes Wesen ist autonom und selbsterschaffend und -erhaltend, selbstorganisiert und frei, dynamisch und sich entwickelnd, vernetzt und nicht trennbar. Die Wissenschaftler Humberto Maturana und Francisco Varela haben lebende Systeme als von innen heraus autopoietisch erkannt (als sich selbst organisierend).[3] Maschinen hingegen sind allopoietische Systeme, die von außen zusammengesetzt und gesteuert werden. Eine der dramatischsten ontologischen Verschiebungen unserer Zeit ist die Neudefinition lebendiger Organismen – insbesondere von Samen – als von Konzernen »erfundene« Maschinen.

Im Laufe von zwei Jahrhunderten des durch fossile Brennstoffe angetriebenen Industriezeitalters ist eine gedankliche Architektur entstanden, die uns künstlich von der Erde und voneinander trennt. Ich nenne es »Öko-Apartheid«, die imaginäre Trennung von Mensch und Natur. Bruno Latour bezeichnet sie als die »Trennung oder Vertiefung der imaginären Kluft zwischen Natur und Kultur«.[4]

Im vorherrschenden mechanistischen Paradigma wird nicht nur der Mensch von der Natur getrennt, die Natur wird sogar zu toter, inaktiver Materie erklärt, zu einem bloßen Rohstoff, der ausgebeutet werden kann. Die mechanistische Weltanschauung wurde geschaffen, um dem industriellen Kapitalismus zu dienen, der ein unzulängliches, reduktionistisches, mechanistisches Paradigma auf die Ebene von Wissenschaftlichkeit erhob. Das wissenschaftliche Denken jedoch, das auf dem Bewusstsein einer lebendigen Erde beruhte, wurde politisch auf die Ebene der Nicht-Wissenschaft, ja sogar der Anti-Wissenschaft verbannt. Ökologische und soziale Ignoranz, kombiniert mit Gier und dem Drang zu herrschen und zu kontrollieren, hat uns die geltenden wirtschaftlichen, politischen, wissenschaftlichen und technologischen Systeme beschert, mit denen das 1 % die Welt heute regiert.

Wenn unser Zeitalter als »Anthropozän« bezeichnet wird, bezieht sich dies auf die Macht des Menschen, die ökologischen Prozesse der Erde zu stören. Es wäre arrogant und unverantwortlich, zu behaupten, dass die Macht zu zerstören einigen Menschen das Recht gäbe, die Ressourcen, Prozesse und Systeme der Erde an sich zu reißen. Wenn wir heute leben, dann nur deshalb, weil die Erde lebt und sie die Bedingungen für unser Leben schafft. Auf diesem schönen Planeten am Leben zu sein, bedeutet, im Ökozän zu leben.

Die Arroganz des Kolonialismus und des Industrialismus liegt in der Annahme, dass nur der Kolonisator über Intelligenz verfügt. Während echte Intelligenz sich durch evolutionäre und ökologische Intelligenz auszeichnet, wurde sie, wie alles andere auch, auf mechanische und analytische Intelligenz reduziert und wird nun als »künstliche Intelligenz« noch weiter abgetrennt. Wir haben unsere Intelligenz allein auf eine einzige, vom mechanistischen Verstand geprägte Form zurückgestutzt, und die anthropozentrische und mechanistische Voreingenommenheit in der Wissenschaft hat uns blind gemacht für die Allgegenwart der lebendigen Intelligenz.

Der englische Botaniker Sir Albert Howard, der 1905 nach Indien kam, um die westlichen Landwirtschaftssysteme einzuführen, stieß allerdings auf äußerst ausgeklügelte Systeme, die die indische Landwirtschaft über Jahrtausende hinweg aufrechterhalten hatten. Er beschloss, von den einheimischen Bauern und ihrem Umgang mit Schädlingen gute landwirtschaftliche Praktiken zu lernen. *Mein landwirtschaftliches Testament* ist eine Zusammenfassung seiner Lehren und gilt heute als die Bibel der modernen ökologischen Landwirtschaft. Zu den wichtigsten Lektionen, die er gelernt hatte, gehörten das Gesetz der Vielfalt und das Gesetz der Rückführung. Nachhaltige Landwirtschaft beruht auf Vielfalt – auf der Integration verschiedener Feldpflanzen, Bäume und Tiere auf einem Bauernhof. Unterschiedliche Nutzpflanzen produzieren verschiedene Nährstoffe für den Boden, für Tiere und Menschen.

Das Gesetz der Rückführung beruht darauf, der Natur und der Gesellschaft das zurückzugeben, was wir von ihnen bekommen. Howard nutzte seine wissenschaftliche Ausbildung, um auf Grundlage des Rückführungsgesetzes die Ökologie des Bodens zu verstehen, und entwickelte die berühmte Methode der Kompostierung, die als »Indore-Methode«* bekannt ist. Der Verlust der biologischen Vielfalt auf unseren Feldern und in unserer Ernährung durch die Ausbreitung der »Grünen Revolution« und der industriellen Landwirtschaft in den letzten 50 Jahren trägt nicht nur maßgeblich zur ökologischen Krise bei, sondern führt auch zu vielen Krankheiten.

Pflanzen sind die eigentliche Grundlage des Lebens. Die Tradition, Bäume und Pflanzen als gleichwertige Lebewesen anzuerkennen, wurde in der Neuzeit von dem bedeutenden indischen Wissenschaftler J. C. Bose fortgeführt. Er zeigte in detaillierten Experimenten, dass der Impuls, Menschen und Tiere als ihren »pflanzlichen Geschwistern« deutlich überlegen einzustufen, einer genauen Untersuchung nicht standhält:

* So benannt nach der indischen Stadt Indore.

> Diese Experimente bringen die Pflanze dem Menschen viel näher, als wir uns vorstellen konnten. Wir stellen fest, dass sie nicht nur eine Masse von vegetativem Wachstum ist, sondern dass jede ihrer Fasern instinktiv und empfindsam ist. Wir sind in der Lage, das Pochen ihres pulsierenden Lebens aufzuzeichnen, und erkennen, dass dieses je nach den Lebensbedingungen der Pflanze zu- und abnimmt und mit dem Tod des Organismus endet. Auf diese und viele andere Weisen sind die Lebensreaktionen in Pflanze und Mensch ähnlich.[5]

Essen ist ein Akt der Kommunikation. Beim Essen kommunizieren wir mit der Erde, dem Landwirt, dem Koch. Unsere Nahrung kommuniziert mit den nützlichen Bakterien in unserem Darm, die es uns ermöglichen, unsere Gesundheit zu erhalten und unsere Widerstandskraft gegen Krankheiten zu stärken. Unser Darm ist ein Mikrobiom, das hundert Billionen Mikroben und tausend Bakterienarten mit mehr als sieben Millionen Genen enthält. Auf jedes menschliche Gen kommen in unserem Körper 360 Gene von Bakterien, die unsere Gesundheit erhalten und unsere Widerstandskraft gegen Krankheiten erhöhen. Nur etwa die Hälfte der Zellen im Körper sind menschlich. In unserem Darm befinden sich 100.000-mal mehr Mikroben als Menschen auf unserem Planeten.

Und Bakterien sind intelligent. James Shapiro hat Bakterien als empfindungsfähige Wesen bezeichnet. Er sagt:

> Bakterien besitzen viele kognitive, rechnerische und evolutionäre Fähigkeiten. […] Studien zeigen, dass Bakterien ausgeklügelte Mechanismen für die interzelluläre Kommunikation nutzen und sogar die Fähigkeit besitzen, die grundlegende Zellbiologie »höherer« Pflanzen und Tiere in Anspruch zu nehmen, um ihre Grundbedürfnisse zu befriedigen. […] Diese bemerkenswerte Reihe von Beobachtungen fordert uns dazu auf, unsere Vorstellungen über die biologische Informationsverarbeitung zu revidieren und zu erkennen, dass selbst die kleinsten Zellen fühlende Wesen sind.[6]

Die giftigen Pestizide und Herbizide, die wir für den Anbau unserer Nahrung verwenden, zerstören die nützlichen Bakterien in unserem Darm und führen zu schweren Krankheiten, von Darmstörungen bis hin zu neurologischen Problemen wie Autismus und Alzheimer. Daten des *Centers for Disease Control* (CDC) zeigen, dass bei der derzeitigen Entwicklung in den USA in wenigen Jahrzehnten jedes zweite Kind autistisch sein wird. Das kann keine besonders intelligente Spezies sein, die aufgrund eines verzerrten und manipulierten Bildes von Wissenschaft ihre eigene Zukunft zerstört.[7]

Als Systemwissenschaftler hat Yaneer Bar-Yam geschrieben:

> Ein komplexes System wird aus vielen Komponenten gebildet. [...] Das Verhalten des Systems kann nicht einfach aus dem Verhalten seiner Komponenten abgeleitet werden. [...] Auftretende Eigenschaften können nicht untersucht werden, indem man ein System physikalisch auseinandernimmt und die Einzelteile betrachtet (Reduktionismus).[8]

Der mechanistische Reduktionismus beruht darauf, die Welt als Maschine zu betrachten, und ein Wissen, das seinerseits auf Trennung beruht, als das einzige Wissen, das zählt. Carl Woese bezeichnete den mechanistischen Reduktionismus als einen »fundamentalistischen Reduktionismus«. Er sagt:

> Wir müssen das, was als »empirischer Reduktionismus« bezeichnet werden kann, vom »fundamentalistischen Reduktionismus« unterscheiden. Der empirische Reduktionismus ist im wesentlichen methodisch; er ist einfach eine Form der Analyse, es geht um die Zerlegung einer biologischen Einheit oder eines Systems in seine Bestandteile, um es besser zu verstehen. Der empirische Reduktionismus stellt keine Annahmen auf, die das vollkommene Verständnis der grundlegenden Natur von Lebewesen betreffen. Der fundamentalistische Reduktionismus (der Reduktionismus der klassischen Physik des 19. Jahrhunderts) ist dagegen im we-

> sentlichen metaphysisch. Er trifft eine Aussage über die Natur der Welt: Lebende Systeme können (ebenso wie alle anderen) vollständig verstanden werden mit einem Blick auf die Eigenschaften ihrer einzelnen Bestandteile.[9]

Das Wissen, das wir für die Züchtung, die Selektion, die Entwicklung von Saatgut und den Anbau von Nahrungsmitteln benötigen, ist das Wissen der biologischen Vielfalt und des lebendigen Saatguts, das Wissen vom lebendigen Boden und vom Boden-Nahrungsnetz: wie die verschiedenen Arten im Agrarökosystem miteinander interagieren und wie es sich zu den verschiedenen Jahreszeiten verhält. Dieses komplexe Wissen über interagierende, sich selbst organisierende, sich selbst erhaltende, sich selbst erneuernde und sich selbst entwickelnde Systeme, das die Bauern in über 10.000 Jahren landwirtschaftlicher Entwicklung zusammengetragen haben, wird nun durch die Agrarökologie bestätigt: den wirklich wissenschaftlichen Ansatz der Nahrungsmittelproduktion.

Seit Jahrtausenden nutzen die Landwirte das verfügbare Land und Wasser, um die Menschen zu ernähren, und dabei ständig schmackhaftere und nahrhaftere Sorten zu entwickeln. Ihr Erfolg liegt in ihrem Verständnis der Erde, der Natur und ihrer Ökosysteme, des Menschen und aller anderen Arten als autopoietische Systeme. Eine Großmutter, die es versteht, die Feldfrüchte von unseren Feldern in eine köstliche, nahrhafte Mahlzeit zu verwandeln, ist Ernährungswissenschaftlerin. Eine ayurvedische Ärztin ist Wissenschaftlerin. Indigene Menschen sind Wissenschaftler. Frauen sind Wissenschaftlerinnen. Sie verfügen über verkörpertes, interaktives und sich weiterentwickelndes Wissen.

Wir müssen die Vielfalt der Erkenntnistheorien und Wissenssysteme anerkennen, die uns geholfen haben, den Planeten zu bewahren und unser Wohlergehen sicherzustellen. Wir müssen unsere verschiedenen, miteinander verbundenen Intelligenzen einsetzen, um eine andere Vision und dadurch eine andere Welt zu schaffen – jenseits der Illusionen und der Kontrolle des 1 %.

Ökologie und Ökonomie der Vernetzung

Sowohl Ökologie als auch Ökonomie leiten sich vom altgriechischen Wort »oikos« ab, was »Haus, Gehöft« bedeutet. Ökologie ist die Wissenschaft vom Haushalt, während es in der Ökonomie um das Haushalten an sich geht. Wenn die Ökonomie gegen die Ökologie arbeitet, führt dies zu Misswirtschaft auf der Erde, unserem Zuhause. Die bestehende Klimakrise, die Wasserkrise, die Krise der biologischen Vielfalt und die Ernährungskrise sind verschiedene Symptome dieser Misswirtschaft. Wir verwalten die Erde falsch und zerstören dabei ihre ökologischen Prozesse, wenn wir das Kapital der Natur nicht als das reale Kapital anerkennen.

Ernährung und Landwirtschaft sind Bereiche, in denen wir das Scheitern der industriellen Landwirtschaft, die uns von globalen Konzernen aufgezwungen wurde, deutlich sehen. Das sogenannte »moderne« Ernährungs- und Landwirtschaftssystem, das auf Chemikalien und GVO (genmanipulierten Organismen) beruht, mag zwar als effizient und produktiv dargestellt werden, aber es verbraucht zehnmal mehr Energie. Es hat bereits 75 Prozent des Bodens, des Wassers und der Biodiversität des Planeten zerstört und ist für 50 Prozent der Treibhausgasemissionen verantwortlich, die den Klimawandel vorantreiben.[10] Die industrielle Landwirtschaft wird als Lösung gegen den Hunger angepriesen, jedoch ist sie für 75 Prozent aller ökologischen und gesundheitlichen Probleme auf globaler Ebene verantwortlich. Hunger, Unterernährung, Fettleibigkeit, Diabetes, Allergien, Krebs und neurologische Störungen sind fester Bestandteil eines von Gier getriebenen, auf Giften beruhenden Nahrngsmittelsystems.[11]

Die Kolonialisierung verwandelt Überfluss in Mangel, getrieben von der Gier einiger weniger. Die Geschichte des 1 % ist die Geschichte grenzenloser Gier, ohne Respekt für die Rechte anderer und ohne Verantwortung für die Folgen ihrer Handlungen zu übernehmen. Es ist dieser Wettstreit zwischen Teilhabe und Gier, zwischen Vernetzung und Privatisierung, zwischen Einssein und dem 1 %, worum es in diesem Buch geht.

In einer Wirtschaft, die von den Konsumregeln des 1 % dominiert wird, werden den 99 Prozent selbst die grundlegendsten Rechte vorenthalten, darunter das Recht auf Nahrung, auf Wasser, auf Arbeit und Lebensunterhalt.

Wir sind eine Erdenfamilie, wir sind miteinander verwoben

Während der Zeit, als ich meine Doktorarbeit schrieb, engagierte ich mich als Freiwillige in der *Chipko*-Bewegung, einer gewaltlosen, friedlichen Reaktion von dort heimischen Bäuerinnen auf die großflächige Abholzung, die im Garhwal Himalaya stattfand. Die Frauen setzten sich für den Erhalt der Wälder ein. *Chipko* bedeutet »umarmen«, »umschlingen«. Sie erklärten, dass sie die Bäume umarmen würden, um sie zu beschützen. So müssten die Holzfäller erst sie töten, bevor sie die Bäume fällten.

Die Abholzung hatte zu Erdrutschen und Überschwemmungen sowie zur Verknappung von Wasser, Futter und Brennstoff geführt. Da Frauen sich um diese Grundbedürfnisse kümmerten, bedeutete Knappheit längere Wege für das Sammeln von Wasser und Brennholz: eine schwere Last. Die Frauen wussten, dass der wahre Wert der Wälder nicht im Holz eines toten Baumes liegt, sondern in Quellen und Bächen, in Nahrung für ihr Vieh und Brennstoff für ihren Herd. So heißt es in den Volksliedern jener Zeit:

Diese schönen Eichen und Rhododendren,
Sie geben uns kühles Wasser.
Diese Bäume dürfen nicht gefällt werden,
Wir müssen sie am Leben erhalten.

Erst nach der Uttarkashi-Katastrophe von 1978, die Überschwemmungen verursachte, die bis nach Kalkutta in Bengalen reichten, erkannte die indische Regierung, dass die Frauen Recht gehabt hatten, denn die Ausgaben für die Fluthilfe überstiegen bei weitem die

Einnahmen aus dem Holzverkauf. Als Reaktion auf die *Chipko*-Bewegung wurde 1981 das Fällen in höheren Lagen im Garhwal Himalaya verboten. Heute erkennt die Regierung an, dass der Schutz des fragilen Himalayas den ökologischen Nutzen des Waldes erhöht.

Die Aktivistinnen von Chipko wurden zu meinen Professorinnen für Biodiversität und Ökologie. Ich sage immer, dass ich einen Doktor der Quantentheorie an der *University of Western Ontario* in Kanada und einen zweiten der Ökologie in den Wäldern des Himalayas bei den Frauen der *Chipko*-Bewegung gemacht habe. Beide lehrten mich die wechselseitige Verbundenheit und Untrennbarkeit. Die Frauen von *Chipko* erklärten mir die Beziehung zwischen Wäldern, Boden und Wasser und zeigten mir den Wert weiblicher Fürsorge; die Quantentheorie lehrte mich die vier Prinzipien, die mein Denken und mein Lebenswerk leiten: Alles ist miteinander verbunden, alles ist möglich, alles ist unbestimmt, es gibt keine ausgeschlossene Masse; das heißt, wir sind mit allem verwoben. Die Quantenwelt besteht nicht aus festen Teilchen, sondern aus Potential. Ein Quantum kann eine Welle oder ein Teilchen sein. Es ist unbestimmt und daher ungewiss. Es ist nicht abtrennbar, nicht an einen festen Ort gebunden. Dadurch wird ein Handeln auf Entfernung möglich. Und im Gegensatz zur mechanistischen Vorstellung, Natur und Mensch seien getrennt, »erschafft« der Beobachter das Beobachtete selbst. So wird eine interaktive, zusammenhängende Welt möglich.

Während die mechanistische Sicht die Grundlage für Beherrschung und Eroberung der Natur und damit die Ursache der ökologischen Krise ist, haben die Paradigmen von Quantenphysik und Ökologie dasselbe zugrundeliegende Verständnis: von einem vernetzten Universum.

Von den Bäumen lernen wir bedingungslose Liebe und bedingungsloses Geben. Von den trockenen Blättern, die herabfallen, lernen wir den Kreislauf des Lebens, das Gesetz der Rückführung, da die Blätter zu Humus und Erdboden werden, die Erde schützen, Nährstoffe und Wasser erneuern und Quellen, Brunnen und Bäche speisen. Die Wälder lehren uns zudem Genügsamkeit als Prinzip der Gerechtigkeit.

Sie lehren uns, die Gaben der Natur ohne Ausbeutung und Anhäufung zu genießen.

Die Vielfalt, Harmonie und die sich selbst erhaltende Natur des Waldes begründen die Organisation der indischen Zivilisation. Das »aranya samskriti« (grob übersetzt: »die Kultur des Waldes«) war nicht der Primitivität geschuldet, sondern eine bewusst getroffene Wahl.

Meine eigene biologische und ökologische Reise begann in den Wäldern des Himalayas. Mein Vater war Waldschützer, und meine Mutter entschied sich für den Beruf der Bäuerin, nachdem sie nach der tragischen Teilung Indiens 1947 zum Flüchtling geworden war. Die Wälder und Ökosysteme des Himalayas haben mir den größten Teil meiner ökologischen Kenntnisse vermittelt.

Die Lektionen, die ich über die Vielfalt in den Wäldern des Himalayas gelernt habe, ließen sich auf den Schutz der Biodiversität auf unseren Farmen übertragen. *Navdanya*, die von mir 1987 gegründete Bewegung für den Erhalt der biologischen Vielfalt und für ökologischen Landbau, hat durch die Schaffung gemeinschaftlicher Saatgutbanken Saatgut gerettet. Und sie hat den Bauern bei der Umstellung geholfen: von Monokulturen auf Basis fossiler Brennstoffe und Chemikalien zu biodiversen Ökolandbausystemen, die von der Sonne und dem Boden genährt werden. Die biologische Vielfalt lehrte mich Überfluss und Freiheit, Zusammenarbeit und wechselseitiges Geben.

Die *Chipko*-Bewegung der 1970er Jahre war nicht die erste in Indien. In einem früheren *Chipko*, 1730, in Rajasthan, opferten 363 Menschen ihr Leben, um ihren heiligen Khejribaum (*Prosopis cineraria*) zu schützen. Der Khejribaum steht wie ein Wächter in der Wüstenlandschaft Rajasthans. Als Quelle von Viehfutter, Brennholz und organischem Dünger ist er für die Nachhaltigkeit in einem Wüstenökosystem von entscheidender Bedeutung. Seine Frucht, Saangri, ist reich an Proteinen und wird sauer eingelegt oder als Gemüse gekocht. Der Schatten des Khejribaumes bewahrt die Feuchtigkeit im Boden und bietet Menschen und Tieren Schutz vor der sengenden Sonne.

Der Khejribaum wurde von Jambhoji, einem Heiligen, der den Glauben der Bishnoi begründete, zum heiligen Baum erklärt. *Bishnoi* heißt

29, der Glaube beruht auf 29 Regeln des Mitgefühls und der Bewahrung. Während einer Ansprache an einen seiner Jünger sagte Jambhoji:

Fälle keinen grünen Baum,
Dies gilt für alle.
Sei immer bereit, Bäume zu retten,
Das ist die Pflicht eines jeden.

Über mehr als zwei Jahrhunderte schufen die Menschen, die in Übereinstimmung mit diesen Lehren lebten, in der Wüste Rajasthans blühende Baumhaine und Wildtierreservate. Eines dieser *Bishnoi*-Dörfer war Khejarli, 20 Kilometer südlich von Jodhpur gelegen. Als ein neuer Königspalast gebaut werden sollte, wurde ein Hofbeamter, Girdhar Das, damit beauftragt, Brennholz zu beschaffen, um den für die Kalkproduktion benötigten Kalkstein zu brennen. Eine Gruppe kam zum Haus von Amrita Devi, die mit ihren drei jungen Töchtern Asu Bai, Ratni Bai und Bhagni Bai zuhause war. Vor ihrer Haustür wuchs ein riesiger Khejribaum. Als die Männer des Königs begannen, diesen Baum zu fällen, versuchte Amrita Devi, sie daran zu hindern. Sie sagte, das Fällen grüner Bäume sei gegen ihre Religion. Sie sagte, sie würde lieber ihr Leben opfern als den Baum. Sie bot ihren Kopf zum Opfer, und der Mann mit der Axt schlug ihr den Kopf ab. Auch ihre Töchter wurden geköpft. Die Nachricht verbreitete sich wie ein Lauffeuer, und *Bishnois* aus 84 Dörfern versammelten sich in Khejarli, ein Strom Freiwilliger zum Schutz der Bäume; 363 Menschen opferten ihr Leben, aber die heiligen Khejribäume wurden gerettet.

Als der König von Jodhpur von diesem Opfer hörte, verkündete er sofort, der das Fällen von grünen Bäumen und die Jagd auf Tiere im Gebiet der *Bishnoi* zum Verbrechen erklärte. Bis heute verklagen die *Bishnois* Menschen vor Gericht, wenn diese ihre heiligen Arten töten: Khejribäume, Hirschziegenantilope und Hindutrappe. Da Rajasthan eine fragile Wüste ist, war ökologisch ein Überleben nur möglich, wenn die Regeln zum Schutz des Lebens eingehalten wurden.

Der Wald nährte so eine ökologische Zivilisation im grundlegendsten Sinne einer Harmonie mit der Natur. Dieses Wissen, das sich aus der Teilhabe am Leben des Waldes ergab, war nicht nur der Kern der *Aranyakas* oder Waldtexte, sondern auch der des täglich praktizierten Glaubens der Bauern und Stammesgesellschaften. Der andauernde Kampf der Dongria Kondh in Odisha, ihren heiligen Berg Niyamgiri vor dem Abbau von Bauxit zu bewahren, ist Teil dieser alten Tradition.

Heute, da sich die ökologische Krise mit den Waldbränden im Polarkreis und mit den Überschwemmungen in der Wüste von Ladakh sowie in China und Pakistan verschärft, können wir erneut Inspiration und eine Vision für künftige Weltanschauungen finden, die die Natur als lebendig und als die eigentliche Grundlage des menschlichen Lebens betrachten. Wir können Amrita Devi und den 363 *Bishnois* danken, die ihr Leben geopfert haben, damit die Bäume, die Erde und wir leben können.

Das Imperium des 1 %: Separierung, Gewalt, Kolonialisierung, Ausbeutung, Ausrottung

Separierung ist eine Illusion, ist Gewalt

Das Einssein als Einheit mit der Erden- und Menschheitsfamilie unterscheidet sich stark vom »Status quo« – der Herrschaft des 1 % (oder 0,01 % oder 0,001 %), das die Ideologie der Separierung benutzt, um Spezies, Kulturen und Gemeinschaften auszunehmen, an den Rand der Auslöschung zu bringen oder gar auszurotten, während es uns ebenso als Gesellschaft spaltet und uns von unserem Menschsein entfremdet. Die Regel des 1 % basiert auf Separierung – von der Erde und von der Gesellschaft.

Separierung ist eine Illusion, ein Konstrukt, eine Hypothese, aufgebaut von den Mächtigen, den Herrschenden, um andere Lebewesen und andere Menschen zu kolonialisieren, zu unterdrücken, auszubeuten, zu spalten, zu beherrschen. Separierung ist Gewalt.

Separierung ist eine Weltanschauung, ein Paradigma, eine Ideologie, eine Betrachtungsweise und eine Art, die Welt mit gewaltsamen Methoden zu gestalten, sowohl in unseren Köpfen als auch in Natur und Gesellschaft. Sie prägt unsere Vorstellung von Wissen, von Wissenschaft und Technik, von Wirtschaft, von Produktion und Konsum, von Demokratie und Freiheit, davon, wer wir sind, von unseren Identitäten, von unserer Bestimmung und davon, weshalb wir auf der Erde sind.

Die drei großen Separierungen, die uns als Spezies an den Rand des Aussterbens gebracht haben, sind die Trennung des Menschen von der Natur; die Trennung der Menschen voneinander durch Klassen-, Religions-, Rassen- und Geschlechtertrennung; und die Trennung unseres kleinen Ego von unserem integralen, mit allem verwobenen Sein.

Die erste Trennung, die des Menschen von der Natur, schafft Öko-Apartheid. Sie trennt den Boden und die Erde von unserem Körper und unserem Geist. Sie trennt die wechselseitig verbundenen Aspekte der Natur und teilt sie in fragmentierte, abtrennbare Teile auf, die ausgebeutet, besessen, verkauft, zerstört und verschwendet werden können. Sie trennt das 1 % von der Gesellschaft. Sie trennt die Mächtigen von den Folgen ihrer Handlungen und schafft die Möglichkeit von Nicht-Haftung, einer Nicht-Verantwortung. Die Trennung erlaubt es einer Handvoll Männer, sich vorzustellen, sie seien die Herrscher des Universums, die Natur und Gesellschaft erobern, besitzen, manipulieren und kontrollieren können, um unbegrenzt Macht und Reichtum anzuhäufen.

Der Kolonialismus führte zu einer gewaltsamen Trennung der Menschen von ihrem Land, ihren Ressourcen und Territorien. Er dauert bis heute an, da die Gier nach Land und Wasser sowie nach Holz und Mineralien zu einer ausbeuterischen Wirtschaft führt, während die Deregulierungen der Globalisierung und des »Ease of Doing Business« die Entwurzelung von Gemeinschaften erleichtern.[12] Der Kolonialismus früherer Jahre hat sich den Reichtum und die Ressourcen von Afrika, Asien und Amerika gewaltsam angeeignet und nach

Europa transferiert. Mit dem Narrativ der »Zivilisierung« wurden Gott und Religion benutzt, um diese illegalen Akte und Verbrechen gegen die Menschlichkeit in das gute Recht europäischer Könige und Königinnen umzudeuten – und der Banditen, Eroberer und Händler, die unter ihrem Schutz standen.

Während die Briten in Indien Land an sich gerissen und Lagaan (Steuern) eingeführt haben, nutzt das heutige 1 % »geistiges Eigentum«, um Monopole auf unser Saatgut und unsere Nahrungsmittel, unser Kommunikationswesen, unsere Finanztransaktionen und unsere Freundschaften zu erlangen. Das Zeitalter der Raubritter begann mit dem Zeitalter des Öls, das gleichzeitig das Zeitalter der Herrschaft des Geldes war. *Standard Oil*, von den Rockefellers gegründet, prägt die wirtschaftliche, politische und technologische Welt von heute.[13]

Heute haben die tatsächlichen Besitzer von gestohlenem Reichtum, der von einem räuberischen Wirtschaftssystem herrührt, Rechtsformen entwickelt, um sich zu schützen und der Haftung zu entziehen. Die größte Täuschung, die dazu dient, Reichtum anzuhäufen, ist die »digitale Welt«, in der »Daten«, soziale Beziehungen (über Facebook) zu Profitzwecken genutzt werden. Digitales Geld ersetzt den realen Reichtum der Menschen; E-Commerce verdrängt den realen Handel. Waren werden immer noch produziert und vertrieben, wenn auch zu höheren ökologischen und sozialen Kosten. Währenddessen verschwinden nach und nach alle lokalen Ökonomien, lokalen Unternehmen und lokalen Gemeinschaften.

Die Geldmaschine erlaubt es dem 1 %, Reichtum, Natur und Gesellschaft auszubeuten, wobei es diese Ausbeutung als wissenschaftlichen, wirtschaftlichen und menschlichen »Fortschritt« definiert. Erleichtert wird dies durch das mechanistische Denken. Die Leugnung von Selbstorganisation, Intelligenz, Kreativität und Freiheit, Potential, autopoietischer Entwicklung und der Verbundenheit von Natur und Gesellschaft ist die Grundlage von Beherrschung, Ausbeutung, Kolonialisierung und Versklavung der Natur, der unterschiedlichen Kulturen, der Frauen, der indigenen Völker, der Bauern und Arbeiter – durch Macht und rohe Gewalt. Das Ergebnis ist eine ökologische Krise und eine menschliche Krise mit Hunger und Armut und sich vertiefender Ungleichheit; mit Ausgrenzung und Entfremdung, mit Entwurzelung und Enteignung und der Schaffung von Flüchtlingsströmen. Lineare, ausbeuterische Systeme, die auf Gewalt gründen, sind die Wurzel der wirtschaftlichen Ungleichheit und der Polarisierung der Gesellschaft in das 1 % und die restlichen 99 Prozent. Sie sind die Grundlage für neue Formen der Versklavung und eine nie dagewesene Nutzbarmachung und Ausrottung.

Was wir erleben, ist eine Verschärfung der epistemischen, ontologischen, ökologischen, politischen, wirtschaftlichen, sozialen und kulturellen Gewalt eines dominanten Systems, das auf dem ökonomischen Paradigma des 1 % basiert. Die wirtschaftliche Polarisierung verstärkt nicht nur die tiefe Ungleichheit zwischen dem 1 % und den 99 Prozent, sondern sie verroht die Ausgeschlossenen und entwurzelt Millionen von Menschen.

Entwurzelung gilt als *der* Weg des Fortschritts. Deshalb ist Vertreibung der gewalttätigste Aspekt des gegenwärtigen »Entwicklungsmodells«. Jeder Staudamm, jede Autobahn, jede expandierende Stadt gründet sich auf gewaltsamem Landraub, der zu langwierigen Konflikten führt. Die erzwungene Trennung von unserer Heimat aufgrund von Kriegen, die oft eine Folge des Ressourcenabbaus und der Umweltzerstörung sind, wird zur vorherrschenden Gegebenheit unserer Zeit. Bilder von Flüchtlingen aus Mexiko, Syrien und Afrika spiegeln diese brutale Entwurzelung wider. Nach Angaben des Hohen Flüchtlingskommissars der Vereinten Nationen (UNHCR) gibt es heute 65,6 Millionen Zwangsvertriebene auf der Welt. Und diese Zahl wird in dem Maße steigen, wie sich der verzerrte wirtschaftliche »Fortschritt« und die Kriege um Ressourcen verschärfen.

Die zweite Separierung, die Trennung der Menschen untereinander, schafft vorsätzlich Spaltungen innerhalb der Gesellschaft, die entlang der Linien der Ungleichheit von Geschlecht, Rasse, Religion und Vermögen verlaufen. Es ist die bewusste Umsetzung einer Politik des Spaltens und Herrschens und dient der Aufrechterhaltung der wirtschaftlichen Macht. Unsere reiche Vielgestaltigkeit wird zum

Anlass von Konflikten gemacht. Eine Ökonomie der Gier erzeugt eine Politik des Hasses und der Angst und bedroht die Demokratie und unser Menschsein.

Wie die US-Wahl 2016 zeigte, kontrolliert das 1 % die Wahldemokratie. Sie entzieht uns unser selbständiges Denken und unsere Autonomie, um Big Data mit Hilfe künstlicher Intelligenz zu manipulieren. Die Konstrukte, die uns regieren und unseren Verstand und unser Herz kontrollieren, haben uns nicht nur von der Natur, sondern auch voneinander und sogar von unserem eigenen Sein getrennt.

Die dritte Separierung ist die Trennung von unserer Wahrnehmung unserer selbst. Die führt zu einem falschen, künstlichen Gefühl von Dasein. Bei den Mächtigen äußert sich diese Trennung in unkontrollierbarer Gier und der Suche nach unbegrenzter, unkontrollierter Macht. Bei den Unterdrückten schafft sie Unsicherheit, Angst und Hass – auf den anderen und auf sich selbst. Gewalt wird allgegenwärtig und ist fest verankert, sie wiederholt sich tagtäglich in unserer Denkweise und in den wirtschaftlichen und politischen Systemen.

Das 1 % nutzt ganz wesentlich Separierung, um Reichtümer anzuhäufen, und dann schließt es sich zusammen, um die Konzentration des Reichtums in den eigenen Reihen zu halten. Verschiedene Sektoren der Wirtschaft werden zusammengelegt, um eine tiefere und umfassendere Kontrolle und höhere Gewinne zu erzielen. Biotechnologie, Informationstechnologie (IT) und Finanztechnologie haben fusioniert und sind zu einer Einheit geworden. Große Konzerne fusionieren, um noch größere Kartelle zu bilden.

Separierung, das mechanistische Denken und die mechanische Intelligenz

> Die Welt, die wir geschaffen haben, ist ein Produkt unseres Denkens. Sie kann nicht verändert werden, ohne dass wir unser Denken verändern.
>
> Albert Einstein

Der mechanistische Verstand misst, prognostiziert und nähert sich dem Wissen an, kann aber nie wirklich *wissen*, weil Wissen von Natur aus pluralistisch ist. Die Privilegierung des einen Systems gegenüber allen anderen und die Erhebung des Reduktionismus zum einzig legitimen Wissensmodell führt zu Gewalt gegen die Wissenschaft selbst. Diese epistemische, auf einem bestimmten Wissensmodell beruhende Gewalt wird nun mit der Gewalt von Konzerninteressen verknüpft, um alle anderen wissenschaftlichen Traditionen auf bösartige Weise zu diskreditieren, sogar jene, die sich aus der westlichen Wissenschaft heraus entwickelt haben und die, von einer sich selbst erhaltenden Evolution ausgehend, die begrenzende mechanistische Weltsicht überwunden haben. Die auf Erkenntnis beruhende Wissenschaft wird verunglimpft, damit die konzerngesteuerte Wissenschaft, die auf »alternativen Fakten« und »Post-Wahrheit« beruht und von der PR-Maschine von Big Money und korrumpierten Regierungen verbreitet wird, als Instrument der Kolonialisierung benutzt werden kann.

Das mechanistische Denken beruht auf der Schaffung mehrfacher Trennungen. Es trennt den Boden von den Pflanzen, indem es den Boden als leeren Behälter zur Aufnahme von chemischen Düngemitteln und die Pflanzen als Maschinen definiert, die mit Düngerkraftstoff betrieben werden. Es trennt Nahrung von Gesundheit. Es trennt Land von Luft und die Landnutzung von Luftverschmutzung und Klimawandel. Es trennt Wissen und Intelligenz von Leben und Lebensprozessen und reduziert Wissen auf Informationen und Daten. Es trennt die Gene von selbstorganisierten lebenden Organismen und spricht jenen, die Gene manipulieren, fälschlicherweise schöpferische Macht zu. Es reduziert das Leben auf »geistiges Eigentum«, auf Besitz und Monopolisierung, auch wenn so Arten aussterben und Bauern in den Selbstmord getrieben werden.

Das *Manifesto on the Future of Knowledge Systems (Manifest zur Zukunft von Wissenssystemen)* der *International Commission on the Future of Food and Agriculture* (Internationale Kommission für die Zukunft von Nahrung und Landwirtschaft) sagt:[14]

> Bewusst oder unbewusst wurde in unseren Köpfen die Welt mit einer riesigen Maschine gleichgesetzt, die von Menschen verbessert und verändert werden kann. So wie Maschinen durch das Zusammensetzen ihrer Komponenten gebaut werden, so dachten wir, könne die ganze Welt, sowohl die lebende als auch die nicht lebende, verändert werden. Dies hat zur Unterbrechung empfindlicher ökologischer Prozesse geführt, die für das menschliche Überleben notwendig sind. Man ging davon aus, dass eine vollständige Kenntnis des Ganzen allein durch die Kenntnis seiner einzelnen Teile erreicht werden könne. Diese Methode, bei der das Ganze auf eine Zusammensetzung seiner Einzelteile reduziert wird, wurde von einer praktischen Methode zu einer Theorie und sogar zu einer Ideologie erhoben, und die Metapher »natürliche Systeme sind *wie* Maschinen« wurde allmählich zu der viel radikaleren Metapher »natürliche Systeme *sind* Maschinen«.

Ernesto Guevera, ein Bauernführer aus Mexiko, hat die mechanistische Ideologie als »Wissens-Rassismus« bezeichnet; man könnte sie auch als »Wissens-Sexismus« bezeichnen.

Das Bestreben, in der Landwirtschaft Vereinheitlichung sowie künstliche, festgelegte, enge und negative »Identitäten« festzulegen, die miteinander im Wettstreit stehen, ist ein Impuls des mechanistischen Denkens. Man geht davon aus, dass es »Experten« mit »objektivem« Wissen gäbe, die von anderen Menschen getrennt und ihnen überlegen seien: den gewöhnlichen Männern und Frauen, Bauern, Arbeitern und Experten anderer Wissenstraditionen, wie etwa Ayurveda und Agrarökologie. Diese Separierung ist eine »Wissensapartheid«.

Das mechanistische Denken ist auch ein militarisiertes Denken. Es gründet sich auf Gewalt und führt zu Gewalt. Es ist seiner Natur nach gewalttätig, weil es die Natur für tot erklärt; es ist dem Wissen gegenüber gewalttätig, weil es unsere Fähigkeit zerstört, als Teil der Natur zu denken und zu handeln und gewaltfreie Mitschöpfer zu sein; es ist ökologisch gewalttätig, weil es durch seine Unwissenheit Prozesse stört, die das Leben von Organismen, Ökosystemen und der Erde selbst aufrechterhalten; es ist sozial gewalttätig, weil es blind ist für das von Bäuerinnen und Bauern und indigenen Kulturen verkörperte Wissen und es ächtet, obwohl die Welt es heute so dringend braucht, um den Planeten und die menschliche Gesellschaft zu heilen.

Das mechanistische Denken ist ein privatisierendes Denken. Es fördert die Einhegung der Gemeingüter der Natur, der sozialen Gemeingüter und des Gemeinguts unseres Wissens ebenso wie die Biopiraterie (die Nutzung bzw. Patentierung bisher frei verfügbarer biologischer Substanzen). Während es sich traditionelles Wissen aneignet, privatisiert und patentiert, errichtet das mechanistische Denken eine künstliche Mauer, eine »Wertschöpfungsgrenze«. Traditionelles Wissen wird »Innovation« und »Erfindung« genannt und wird durch die Patentierung zu Privateigentum.

Das mechanistische Denken sperrt die Kausalität in eine Zwangsjacke aus linearer, mechanischer Ursache-Wirkung-Verkettung, und Aktion beschränkt sich auf Kontakt. In lebenden Systemen ist die Kausalität jedoch ganzheitlich, und Eigenschaften und Verhaltensweisen hängen von Kontext, Beziehung und Komplexität ab. Es handelt sich um eine vierdimensionale Kausalität, um die integrierte, untrennbare Einheit von Lebensprozessen in Raum und Zeit. Die lineare Kausalität erlaubt es sich allerdings, etwas für sich zu beanspruchen, indem bestimmte Instrumente mit komplexen, multikausalen Phänomenen verbunden werden. Laut der »Grünen Revolution« steigerte Norman Borlaugs »Wunder«-Zwergweizen, der mit Chemikalien gezüchtet wurde, die Nahrungsmittelproduktion in Indien; aber unsere Studien zeigen, dass sich der Anstieg der Produktion von Reis und Weizen auf die Vergrößerung der Anbaufläche und die Verbesserung der Bewässerung zurückführen lässt. *Land* und *Wasser* trugen also zu einer höheren Produktion bei, aber dies wurde fälschlicherweise *neuem Saatgut* und *Chemikalien* zugeschrieben. Wenn eine lineare Kausalität auf komplexe Systeme angewandt wird, können Konzerne, die schädliche Chemikalien und GVO produzieren, die schädlichen Auswirkungen ihrer Produkte leugnen. Indem das mechanistische Denken komplexe interaktive Lebensprozesse fälschlicherweise auf »*eine* Ursache, *eine* Wirkung« reduziert, erzeugt es eine falsche Kausalität. Auf diese Weise wird in Sicherheitsfragen manipuliert und werden Gefahren geleugnet. Außerdem wird auf diese Weise auch die Effizienz von ganzheitlichen Systemen ignoriert und geleugnet.

Das mechanistische Denken lagert Kosten einfach aus: auf Gesellschaft und Natur. Das geschieht durch ein linear aufgebautes Narrativ von Eroberung, Beherrschung und Fortschritt. Es trennt die Ursache, ein System struktureller Gewalt, von den Auswirkungen der Gewalt und vom Schaden für Natur und Menschen. Es schafft ein System, in dem die Mächtigen mechanistische Instrumente zur Kontrolle schaffen und einsetzen und sich absolute Rechte aneignen, ohne auch nur im geringsten Verantwortung dafür zu übernehmen.

Ein weiteres Merkmal des mechanistischen Denkens ist das, was man ontologische Schizophrenie nennen könnte: Das Wissen, wie man ein Produkt herstellt oder eine Technologie entwickelt, ist getrennt vom Gewahrsein der Auswirkungen dieses Produkts oder dieser Technologie auf Natur und Gesellschaft. Dies trennt Rechte von Pflichten. GVO stellen eine extreme ontologische Schizophrenie dar. Wenn es darum geht, geistige Eigentumsrechte an Saatgut und Lebensformen zu beanspruchen, wird behauptet, der GVO sei neu, eine Erfindung. Wenn es darum geht, Verantwortung für die biologische Sicherheit zu übernehmen, dann heißt es, die Auswirkungen des GVO auf Umwelt und Gesundheit seien »im wesentlichen die gleichen« wie bei natürlich vorkommenden Organismen und vorhandenem Saatgut. Dieselbe Sache wird zugleich als völlig neue Erfindung ausgegeben, dann nämlich, wenn es um Rechte, Eigentum und die Einziehung von Lizenzgebühren geht, aber als natürlich, wenn es darum geht, die Verantwortung für Schäden an Natur und Mensch zu übernehmen. Darüber hinaus ignoriert die vorschnelle Kommerzialisierung eines Produkts oder einer Technologie die wechselseitige Verwobenheit von allem. Ignoranz ist das Fehlen von Wissen, Ignoranz ist nicht Wissenschaft. Wahre Wissenschaft erfordert die Kenntnis der verschiedenen Systeme.

Wir erleben nicht nur den Zusammenschluss der Großkonzerne, die ihre Wurzeln im Giftkartell der Weltkriege haben, sondern auch ein Verschmelzen der Sektoren zu einem einheitlichen Gebilde von gewalttätiger, zerstörerischer Macht – von der Biotechnologie in der Landwirtschaft über die Informationstechnologie bis hin zu den Finanztechnologien. Die während der gesamten Kolonialgeschichte angewandten Zwangsmittel gegen die Vielfalt der indigenen Kulturen und ihr Wissen richtet sich nun gegen Bürger weltweit. Die Intelligenz der Natur und der Menschen wird durch »Überwachungs-Intelligenz« ersetzt – sei es die Überwachung der Bauern durch *Monsanto*, um sie daran zu hindern, Saatgut zu bewahren, oder die Überwachung unseres Alltagslebens durch Facebook und Google oder die Überwachung von nach Freiheit strebenden Bürgern durch den Staat.

Das jüngste Bestreben des mechanistischen Denkens ist es, die Welt auf Informationsbruchstücke zu reduzieren, die noch weiter in Daten zerlegt werden. Daten werden als der neue Rohstoff gehandelt und gelten zugleich als »intelligent«. Daten sind jedoch kein Wissen, und Datenverarbeitung ist keine Intelligenz.

Sich vom mechanistischen Denken zu befreien, ist heute zu einer ökologischen und politischen Notwendigkeit geworden. Die Pflicht zur Anteilnahme und der Mut, die Schädigungen aufzuhalten, die das 1 % der Erde und ihren Wesen zufügt, ist Teil des täglichen Lebens.

Die Hopi beschreiben das Phänomen, alles zu zerstören, was eine Gesellschaft aufrechterhält, als *powaqqatsi*. Wenn Konzerne ihren Willen durchsetzen, wird unser empfindliches Lebensnetz vergiftet, die Artenvielfalt geht zugrunde, alle sozialen Beziehungen werden zerstört und die Menschen verlieren alle Verfügungsgewalt – über ihr Saatgut, ihre Nahrung, ihr Wissen und ihre Entscheidungsfindung.

Die große Krise der Ausgrenzung und Auslöschung fordert uns auf, die lebendige Intelligenz aller Wesen freizusetzen, um den Planeten und uns selbst zu heilen und zu erneuern. Dieses Buch untersucht das Wirtschaftsmodell, das der Welt aufgezwungen wird:

Es schafft eine Wirtschaft des 1 %, die zu unmenschlicher Ungleichbehandlung und einer raschen und tiefgehenden Einhegung des demokratischen Raums geführt hat. Anhand dessen, was mit unserem Planeten, unseren Ressourcen, unserem Geld, unserer biologischen Vielfalt und unserer Nahrung geschieht, zeigen wir, wie diese von Big Money kontrollierten Systeme funktionieren. Und wir beschreiben die Zukunft, die sie zu gestalten versuchen. Diese beruht auf ihrer Vision von »die *eine* Wissenschaft, die *eine* Landwirtschaft, die *eine* Geschichte, das *eine* Prozent«. Es ist unbedingt notwendig, Alternativen zur Welt von Big Money zu schaffen, damit die Rechte der Erde und der Menschheit verteidigt, zurückgefordert und erweitert werden können und wir in eine Zukunft blicken können, die auf Freiheit und Demokratie beruht.

Mit dem Bewusstsein unserer wahren Identität als Erdenbürger, als Glieder der Erdenfamilie, beginnt das Wiedererstehen von realer Intelligenz, realem Saatgut, realer Nahrung, realem Reichtum und realer Freiheit. Es ist der Weg der Befreiung aus der Herrschaft des 1 %, die unsere Vorstellungskraft lähmt und uns versklavt.

Kapitel 2
Die Geldmaschine des 1 %

1 % ist nicht nur eine Zahl. Dahinter steckt ein System, ein von den Reichen und Mächtigen geprägtes Wirtschaftssystem. Darin werden ungezügelte Gier und die Anhäufung von Vermögen als gesellschaftlich erwünschte Tugenden betrachtet, statt als Entgleisungen, die durch soziale und demokratische Prozesse in Grenzen gehalten werden müssen. Es ist ein Modell, bei dem die Fragen danach, wer produziert, was produziert wird oder ob etwas überhaupt produziert wird, aus der wirtschaftlichen Gleichung verschwinden. Sie werden durch Geldmachen, Geldvermehren ersetzt oder durch das, was Aristoteles »Chrematistik« (die Kunst, Reichtum zu erlangen) nannte. Das führt zu einer wirtschaftlichen Apartheid zwischen den Besitzenden und denen, die nichts haben. Diese entwickelt sich zu einer ökologischen Apartheid zwischen dem Lebendigen und dem Nicht-Lebendigen, nicht nur in Bezug auf die Menschheitsfamilie, sondern auch auf die Erdenfamilie. Der Aufstieg des 1 % verkörpert den Willen, auszugrenzen und zu vernichten. Die unvermeidlichen Folgen sind Ökozid und Völkermord.

Der Oxfam-Bericht »An Economy for the 1 %« (»Eine Wirtschaft für das 1 %«) zeigt, dass das reichste 1 % so viel besitzt wie 3,6 Milliarden Menschen – die ärmsten 50 Prozent der Menschheit.[1] Während der Reichtum der reichsten 62 Menschen der Welt zwischen 2010 und 2015 um mehr als 45 Prozent zunahm – ein Anstieg um mehr als eine halbe Billion Dollar auf 1,76 Billionen Dollar – verringerte sich der Reichtum der unteren Hälfte im gleichen Zeitraum um etwas mehr als eine Billion Dollar, was einem Rückgang um 38 Prozent entspricht. Im Jahr 2010 verfügten 388 Personen über so viel Vermögen wie die ärmste Hälfte, 2011 waren es 177, 2012 sank die Zahl auf 159, 2013 sank sie weiter auf 92, 2014 auf 80 und 2017 auf nur noch acht.[2]

Heute ist der Finanzsektor, in dem die Reichen aus Geld noch mehr Geld machen, in den meisten Ländern der Welt, darunter Indien und die USA, auf 15 Prozent des BIP angewachsen. Wie aus dem Oxfam-Bericht hervorgeht, waren in der Wirtschaft des 1 % im Jahr 2014 437 der größten Konzerne im Finanzsektor tätig, und ihr Vermögen war fünfmal größer als das von Konzernen anderer Wirtschaftszweige. Nach der Finanzkrise von 2008 erzielte das reichste 1 % 95 Prozent des weltweiten Wachstums, berichtet das Wall Street Journal. Während die einfachen Menschen Arbeitsplätze, Häuser, Renten und Sicherheit verloren, wurden all jene reicher, die in den Finanzmärkten mit Geld spielen.

Die finanzielle Deregulierung – dazu gehört auch die Aufhebung der Trennung zwischen Sparen und Investmentbanking – schuf eine auf Spekulation beruhende Wirtschaft, wobei die Finanzwirtschaft die Realwirtschaft überholte und ihr auf vielfältige Weise die Luft nahm.

Source: Piketty and Saez, 2003 updated to 2012. Series based on pre-tax cash market income including realized capital gains and excluding government transfers. 2012 data based on preliminary statistics

Von 2009, als die Große Rezession offiziell zu Ende ging, bis 2012 scheffelte das obere 1 % der Amerikaner 95 Cent von jedem Dollar Gewinn. Fast ein Drittel des nationalen Zuwachses ging an nur 16.000 Haushalte, das Top 1 % des obersten 1 %, wie die Analyse der Daten des Internal Revenue Service (IRS) von Thomas Piketty und Emmanuel Saez zeigt.[3]

Tabelle: Die Top 100 Geldverdiener[4]

Die Zahlen sind von 2014 und ändern sich laufend, die Tendenz bleibt.

Rang	*Name*	*Vermögen in Mrd.*	*Alter*	*Quelle*	*Land*	*Ware*
1	Bill Gates	$75	60	Microsoft	USA	
2	Amancio Ortega	$67	80	Zara	Spanien	Baumwolle
3	Warren Buffett	$60,8	85	Berkshire Hathaway	USA	Baumwolle
4	Carlos SlimHelú	$50	76	Telecom	Mexico	Lebensmittel
5	Jeff Bezos	$45,2	52	Amazon.com	USA	
6	Mark Zuckerberg	$44,6	31	Facebook	USA	
7	Larry Ellison	$43,6	71	Wunder	USA	
8	Michael Bloomberg	$40	74	Bloomberg LP	USA	
9	Charles Koch	$39,6	80	Diversifizierte	USA	Öl
10	David Koch	$39,6	75	Diversifizierte	USA	Öl
11	Liliane Bettencourt	$36,1	93	L'Oreal	Frankreich	
12	Larry Page	$35,2	43	Google	USA	
13	Sergey Brin	$34,4	42	Google	USA	
14	Bernard Arnault	$34	67	LVMH	Frankreich	
15	Jim Walton	$33,6	67	Wal-Mart	USA	Lebensmittel
16	Alice Walton	$32,3	66	Wal-Mart	USA	Lebensmittel
17	S. Robson Walton	$31,9	71	Wal-Mart	USA	Lebensmittel
18	Wang Jianlin	$28,7	61	Immobilien	China	
19	Jorge Paulo Lemann	$27,8	76	Bier	Brasilien	Lebensmittel
20	Li Ka-shing	$27,1	87	Diverses	Hongkong	
21	Beate Heister & Karl Albrecht Jr.	$25,9	–	Supermärkte	Deutschland	Lebensmittel
22	Sheldon Adelson	$25,2	82	Casinos	USA	

Rang	Name	Vermögen in Mrd.	Alter	Quelle	Land	Ware
23	George Soros	$24,9	85	Hedge-Fonds	USA	
24	Phil Knight	$24,4	78	Nike	USA	
25	David Thomson	$23,8	58	media	Kanada	
26	Steve Ballmer	$23,5	60	Microsoft	USA	
27	Forrest Mars, Jr.	$23,4	84	Süßigkeiten	USA	Lebensmittel
27	Jacqueline Mars	$23,4	76	Süßigkeiten	USA	Lebensmittel
27	John Mars	$23,4	79	Süßigkeiten	USA	Lebensmittel
30	Maria Franca Fissolo	$22,1	98	Nutella, Schokolade	Italien	Lebensmittel
31	Lee Shau Kee	$21,5	88	Immobilien	Hongkong	
32	Stefan Persson	$20,8	68	H&M	Schweden	Baumwolle
33	Jack Ma	$20,5	51	Alibaba	China	
34	Theo Albrecht, Jr.	$20,3	65	Aldi, TraderJoe's	Deutschland	Lebensmittel
35	Michael Dell	$19,8	51	Dell	USA	
36	Mukesh Ambani	$19,3	58	Petrochemikalien, Öl & Gas	Indien	Öl
37	Leonardo Del Vecchio	$18,7	80	Brillen	Italien	
38	Susanne Klatten	$18,5	53	BMW, Pharmazeutika	Deutschland	Auto
39	Georg Schaeffler	$18,1	51	Kugellager	Deutschland	Auto
40	Paul Allen	$17,5	63	Microsoft, Investitionen	USA	
41	Prinz Alwaleed Bin Talal Alsaud	$17,3	61	Investitionen	Saudi-Arabien	
42	Joseph Safra	$17,2	77	Banking	Brasilien	
43	Carl Icahn	$17	80	Investitionen	USA	
44	Laurene Powell Jobs	$16,7	52	Apple, Disney	USA	
45	Dilip Shanghvi	$16,7	60	Arzneimittel	Indien	Pharma
46	Ma Huateng	$16,6	44	Internet-Medien	China	
47	Dieter Schwarz	$16,4	76	Einzelhandel	Deutschland	Lebensmittel
48	Ray Dalio	$15,6	66	Hedge-Fonds	USA	
49	Stefan Quandt	$15,6	49	BMW	Deutschland	Auto
50	James Simons	$15,5	77	Hedge-Fonds	USA	
51	Aliko Dangote	$15,4	59	Zement, Zucker, Mehl	Nigeria	Nahrungsmittel
52	Michael Otto	$15,4	73	Einzelhandel, Immobilien	Deutschland	
53	Len Blavatnik	$15,3	58	Diverses	USA	
54	Donald Bren	$15,1	83	Immobilien	USA	
55	Azim Premji	$15	70	Software-Dienstleistungen	Indien	

Rang	*Name*	*Vermögen in Mrd.*	*Alter*	*Quelle*	*Land*	*Ware*
56	Serge Dassault	$14,7	91	Flugwesen	Frankreich	
57	Tadashi Yanai	$14,6	67	Einzelhandel	Japan	Baumwolle
58	Cheng Yu-tung	$14,5	90	Diverses	Hongkong	Banking
58	Hinduja-Familie	$14,5	-	Hinduja-Gruppe	UK	Banking
60	Leonid Mikhelson	$14,4	60	Gas,Chemikalien	Russland	Öl
60	David & Simon Reuben	$14,4	73	Investitionen, Immobilien	UK	Immobilien
62	Stefano Pessina	$13,4	74	Arzneimittelgeschäfte	Italien	Pharma
63	Mikhail Fridman	$13,3	51	Öl, Bankwesen, Telekommunikation	Russland	
64	Dietrich Mateschitz	$13,2	71	Red Bull	Österreich	
65	Abigail Johnson	$13,1	54	Geldverwaltung	USA	Banken
66	Kjeld Kirk Kristiansen	$13,1	68	Lego	Dänemark	
67	Joseph Lau	$13,1	64	Immobilien	Hongkong	Grundstücke
68	Gerald Cavendish Grosvenor	$13	64	Immobilien	UK	Immobilien
68	Thomas & Raymond Kwok	$13	–	Immobilien	Hong Kong	Grundstück
68	Marcel Herrmann Telles	$13	66	Bier	Brasilien	Lebensmittel
71	Henry Sy	$12,9	91	SM Investments Corp.	Philippinen	Banking
72	Steve Cohen	$12,7	60	Hedge-Fonds	USA	Banking
73	Pallonji Mistry	$12,5	86	Bauwesen	Irland	Eigentum
73	Hans Rausing	$12,5	90	Verpackungen	Schweden	Lebensmittel
73	Alisher Usmanov	$12,5	62	Stahl, Telekommunikation, Investitionen	Russland	
76	Charlene de Carvalho-Heineken	$12,3	61	Heineken	Niederlande	Lebensmittel
77	Charles Ergen	$12,2	63	TV	USA	Medien
78	Ronald Perelman	$12,1	73	Fremdfinanzierte Übernahmen	USA	Banking
78	Vladimir Potanin	$12,1	55	Metalle	Russland	
80	Stephen Ross	$12	75	Immobilien	USA	Immobilien
81	Patrick Soon-Shiong	$11,9	64	Pharma	USA	Pharma
82	Masayoshi Son	$11,7	58	Internet, Telekommunikation	Japan	
82	Heinz Hermann Thiele	$11,7	75	Bremsen	Deutschland	Auto
84	Francois Pinault	$11,5	79	Einzelhandel	Frankreich	Baumwolle

Rang	*Name*	*Vermögen in Mrd.*	*Alter*	*Quelle*	*Land*	*Ware*
85	David Tepper	$11,4	58	Hedge-Fonds	USA	Banking
85	Gennady Timchenko	$11,4	63	Öl & Gas	Russland	Öl
87	Carlos Alberto Sicupira	$11,3	68	Bier	Brasilien	Lebensmittel
88	Shiv Nadar	$11,1	70	Software-Dienstleistungen	Indien	
89	Thomas Peterffy	$11,1	71	Discount-Maklergebühr	USA	
90	Robin Li	$11	47	Internetsuche	China	
90	Alain Wertheimer	$11	67	Chanel	Frankreich	Baumwolle
90	Gerard Wertheimer	$11	65	Chanel	Frankreich	Baumwolle
93	Alexey Mordashov	$10,9	50	Stahl, Investitionen	Russland	Bergbau
94	Elon Musk	$10,7	44	Tesla Motors	USA	Auto
94	Charoen Sirivadhanabhakdi	$10,7	71	Getränke	Thailand	Lebensmittel
96	Petr Kellner	$10,6	51	Bankwesen, Versicherung	Tschechische	Republik
96	Rupert Murdoch	$10,6	85	Medien	USA	
98	Viktor Vekselberg	$10,5	59	Metalle, Energie	Russland	Bergbau
99	Lukas Walton	$10,4	29	Wal-Mart	USA	Lebensmittel
100	Eric Schmidt	$10,2	60	Google	USA	

Die Veränderungen des Einkommens für die große Mehrheit sind ebenso aufschlussreich. Bei den unteren 90 Prozent stieg 1934 das Durchschnittseinkommen um 8,8 Prozent gegenüber dem Vorjahr (das Jahr 1933 markierte den Beginn der Erholung von der Großen Depression), 2012 musste dieselbe statistische Gruppe mit 15,7 Prozent weniger auskommen als 2009. Piketty weist darauf hin, dass das 1 % mehr Geld mit Kapitalinvestitionen verdient hat, als andere mit ihren Löhnen verdienen; da das Kapitaleinkommen ungleich verteilt ist, führt dies zu wachsender Ungleichheit. Er zeigt, dass die Ungleichheit – unabhängig davon, ob Kapital besteuert wird oder nicht – unter der gegenwärtigen Politik zunehmen wird, weil die Ersparnisse aus den laufenden Löhnen und Gehältern nicht so stark wachsen können wie die Erträge aus vorhandenem Vermögen. Laut Piketty wird der Prozess der Vermögensanhäufung »immer schneller und ungleicher, da die Kapitalrendite steigt und das [gesamtwirtschaftliche] Wachstum sinkt«.

Die Wirtschaft des 1 % ist nicht nur ein System wirtschaftlicher Ungleichheit; sie hat Auswirkungen auf den Planeten, auf die Gesellschaft und auf die Demokratie, denn sie steht für eine Denkweise und ein intellektuelles Paradigma, das auf einer Weltsicht von Separierung, Ausbeutung und Vernichtung beruht.

Die Raubritter von heute sind in der Informationstechnologie und in der Finanzbranche, in der Landwirtschaft und in der Biotechnologie tätig. Sie verschmelzen durch die Nutzung digitaler Instrumente schließlich zur digitalen Wirtschaft. Die Natur wird zum Feind erklärt, und der Mensch arbeitet gegen die Natur. Diejenigen im globalen Kasino sehen die Natur und das Leben als »Tyrannei«.

In ihrem Buch *The Fisherman and the Rhinoceros: How International Finance Shapes Everyday Life*,[5] beschreiben Eric Briys und Francois de Varenne das, was sie »die Tyrannei der Realwirtschaft« nennen. Was die Finanzwirtschaft ermöglicht, so argumentieren sie, ist, uns von dieser Tyrannei zu befreien. Risiken können durch den Einsatz von Derivaten nicht nur auf die richtigen Leute übertragen, sondern auch in die Zukunft verschoben werden, um auf den richtigen Zeitpunkt zu warten! Durch Tauschgeschäfte, durch die Bündelung von Schulden und deren Weiterverkauf als Vermögenswerte sowie durch den Verkauf von Derivaten auf diese Vermögenswerte können Risiken so lange verschoben werden, bis sie, wie es der Markt will, genau am richtigen Ort sind. Als Beispiele, die sich erfolgreich von dieser Tyrannei befreit hätten, nennen die Autoren zwei Unternehmen: *Enron* und hypothekarisch abgesicherte Wertpapiere.

Doch *Enron* brach zusammen, und die durch die Absicherung durch Hypotheken ausgelöste *Subprime*-Krise hinterließ der Welt die Finanzkrise von 2008. Wie Justin Podur in *Counter Punch* schreibt: »Die Frage an die Gesellschaft ist, ob wir unser Leben der Rettung der Eliten vor monströsen Machtspielen um obszöne Geldsummen widmen wollen, oder ob wir lieber die moderateren Risiken dämpfen wollen, die die Menschen im Alltag auf der Suche nach einem menschenwürdigen Überleben eingehen müssen. Dies würde nicht einfach von selbst geschehen, wenn die Regeln geändert würden, um der ›Tyrannei der Realwirtschaft‹ wieder Geltung zu verschaffen. Es würde eine ganz andere Art von Realwirtschaft erfordern.«[6]

Konzerne und Branchen, die es vor einigen Jahrzehnten noch gar nicht gab, sind heute für die schnellsten Gewinnzuwächse und die größte Zahl »neuer Moguln« verantwortlich. Zum einen schaffen die Milliardäre und Raubritter, die in den letzten zwei Jahrzehnten erschienen sind, ihre eigenen Investitionsstrategien und eine auf Mieten beruhende Wirtschaft. Dabei bestehen die Mieten aus Lizenzgebühren auf Patente: auf Saatgut, auf Software, auf Algorithmen zur Verarbeitung von Big Data. Spekulation, Raub und Mieteinnahmen sind ihre Hauptgewinnquellen. Zweitens können die Investmentfonds des 1 % durch diese unangemessene Konzentration des Reichtums in ihren Händen – ein »Reichtum ohne Arbeit«, der sich viel schneller vermehrt, als die Realwirtschaft, die auf tatsächlicher Produktion beruht, wachsen kann – große Anteile an Großkonzernen aufkaufen und Fusionen vorantreiben, um die Gewinne weiter zu vervielfachen. Auf diese Weise vollzog sich auch die Fusion zwischen *Monsanto* und *Bayer*. Und dann schafft das 1 % auch Zusammenschlüsse zwischen Sparten, die früher getrennt waren. War früher die Informationstechnologie (IT) vom Finanzwesen und von der Biotechnologie in der Landwirtschaft getrennt, sind diese Grenzen heute aufgehoben. Durch die Digitalisierung treibt die IT heute sowohl die Finanzwelt als auch die Wirtschaft an, und sie treibt die nächste Phase der industriellen Landwirtschaft voran, die digitale Landwirtschaft, die »Landwirtschaft ohne Bauern« genannt wird.[7]

Geld, ein bloßes Mittel zum Austausch von realen Gütern und Dienstleistungen, die durch echte Arbeit produziert werden, wird zu »Kapital«, einer geheimnisvollen Kraft zur Schaffung von Wohlstand. Dann mutiert »Kapital« zu einer »Investition«, die durch vielfältige Anlagen zu einer »Investitionsrendite« wird. Durch diese häufen jene, die keine wirkliche Arbeit leisten, sondern den durch die Ausbeutung von Natur und Menschen geschaffenen Reichtum kontrollieren, noch mehr Reichtum an. Und diesen Reichtum wiederum nutzen sie zur weiteren Ausbeutung von Natur und Gesellschaft. Die ökologischen Krisen nehmen zu. Armut, Elend und Ausgrenzung nehmen zu.

Viele Intellektuelle fragen sich, wie wir in diesen Schlamassel geraten sind. Eine modische Antwort ist »Neoliberalismus«. Aber der Neoliberalismus ist nichts anderes als das wirtschaftliche Paradigma, welches die gewaltsame Auferlegung der Herrschaft der Konzerne und die Herrschaft des 1 % zur Norm erhebt. Es stimmt, dass die heutige Globalisierung die enorme Macht einer Handvoll von Konzernen ermöglicht hat. Die Globalisierung beruht auf dem neoliberalen Paradigma. Aber Konzerne gab es nicht schon immer. Sie wurden als Instrumente der Kolonialisierung geschaffen. Sie entstehen nicht »aus dem Nichts«, sondern aus der richtigen Menge Macht und Geld in Abwesenheit von Demokratie.

Weder Neoliberalismus noch globalisierte Konzerne sind neu. Sie nahmen vor fünfhundert Jahren mit Kolumbus ihren Anfang, der nach Indien aufgebrochen war, aber stattdessen in Amerika landete. Sein Raubzug hieß »Entdeckung Amerikas«. Die Gründung der Britischen Ostindien-Kompanie im Jahr 1600, die für die Ausplünderung Indiens geschaffen wurde, schuf die Grundlagen für die heutige Globalisierung und Herrschaft der Konzerne. Die durch den Kolonialismus der Konzerne geschaffene Armut wurde sodann von ihren eigentlichen Ursachen separiert. Und im Laufe der Jahrhunderte bot man schließlich die Krankheit selbst als Heilmittel an. Es ist ein Mythos entstanden: dass nur Konzerne eine Wirtschaft führen und dass nur sie die Regeln für Wirtschaft und Handel festlegen können.

Teile des Lebens, mit denen bisher nie Handel getrieben wurde, sind unter den neuen Regeln des »freien Handels« privatisiert worden. Saatgut wurde zu *Monsanto*s geistigem Eigentum, für das die Firma Lizenz- und Mietgebühren einzieht. Nahrungsmittel sind heute eine Ware, die von Getreidehändlern wie *Cargill* gehandelt und von *Coca-Cola* und *Pepsi*, *Nestlé* und *Kellog's* in Junkfood verwandelt wird.

Großkonzerne definieren Freiheit als »Freihandel«, was nichts anderes bedeutet als die Globalisierung der Konzerne. Diese Konzerne und ihre sich im Hintergrund haltenden Eigentümer missbrauchen jedoch ihre Freiheit, um das ökologische Gefüge der Erde und das Gefüge der Volkswirtschaften und der menschlichen Gesellschaften zu zerstören. Die Regeln des »Freihandels« werden von Konzernen aufgestellt, um ihre eigene Freiheit auszuweiten: um den letzten Zentimeter Land, den letzten Tropfen Wasser, den letzten Samen, die letzte Portion Nahrung, das letzte Byte Information, das letzte bisschen Daten, Wissen und Vorstellungskraft zu kommerzialisieren und zu privatisieren.

Die Deregulierung von Konzernen und die Überwachung und Kriminalisierung von Bürgern hat enorme Auswirkungen auf unser Leben, unseren Lebensunterhalt und unsere Freiheiten. Die Festigung und Ausbreitung der Macht der Konzerne, die die Realwirtschaft untergraben, welche die Menschen tatsächlich ernährt und erhält, ist eine dieser Auswirkungen. Eine weitere wichtige Konsequenz sind Veränderungen in der Politik, wobei die repräsentative Demokratie sich rasch von einer Demokratie »des Volkes, durch das Volk, für das Volk« zu einer Demokratie »der Konzerne, von Konzernen, für Konzerne« entwickelt hat. Schlimmer noch, die Konzentration wirtschaftlicher Macht in den Händen einer kleinen Gruppe nicht gewählter, nicht rechenschaftspflichtiger Individuen führt zu der politischen Macht, Regierungen und Gesetze zu beeinflussen und die Zukunft unserer Nahrung und Gesundheit und die des ganzen Planeten zu gestalten.

In Indien besteht das höchste politische Entscheidungsgremium, *Niti Aayog* (das auch Exekutivfunktionen ausübt), aus Personen, deren einzige Fachgebiete der »Freihandel« von Konzernen und die Handelsliberalisierung sind. Die Förderung von Importen, die wir nicht brauchen, die undemokratische Untergrabung von Regierungsinstitutionen, die gemäß der Verfassung die Rechte der Bauern auf Saatgut und das Recht der Menschen auf erschwingliche und sichere Medikamente schützen, und die Förderung von GVO und gefährlichen

Medikamenten sind Beispiele dafür, dass die Kriterien der Konzerne schwerer wiegen als das reale Leben. *Niti Aayog* ist in Indien zu einer zentralen Anlaufstelle für globale Unternehmenslobbygruppen geworden, die Indiens Wirtschaft in ihren privaten (Hinterhof-)Markt verwandeln wollen. Dies ist systemische Korruption unserer Demokratie und ein Rezept für die Zerstörung der Volkswirtschaft.

Die Konzentration wirtschaftlicher Macht und die systematische Auslöschung lokaler Ökonomien schafft Arbeitslosigkeit, Vertreibung und wirtschaftliche Unsicherheit. Diese Unsicherheit wird dann von den Mächtigen ausgenutzt, um die Gesellschaft entlang rassischer, ethnischer und religiöser Grenzen zu spalten. Die Fragmentierung und Ausgrenzung in der Gesellschaft ist eng mit dem ausbeuterischen Wirtschaftsmodell der Anhäufung von Reichtum durch ein paar wenige verbunden.

Wie die Milliardäre aus Geld Geld machen und gleichzeitig unsere reale Welt und unser Leben kontrollieren

1994 schrieb Joel Kurtzman:

> Die Finanzwirtschaft ist etwa 20- bis 50-mal größer als die Realwirtschaft. Es ist nicht die Wirtschaft des Handels, sondern der Spekulation. Sie handeln mit Finanzinstrumenten. Und während sich ihre Ultra-High-Tech-Infrastruktur über den Globus erstreckt und täglich mehrere Billionen Dollar zwischen den großen und kleinen Knotenpunkten des Netzwerks bewegt, ist sie weitgehend unreguliert. Nur wenige Menschen sind sich bewusst, dass das Geld in seinem traditionellen Sinn bereits seinen Niedergang erlebt hat. Noch weniger Menschen haben innegehalten, um über dessen Auswirkungen nachzudenken.[8]

Die Globalisierung der Konzerne und die von Weltbank und Internationalem Währungsfonds (*IWF*) vorangetriebenen Strukturanpassungsprogramme der 1980er Jahre führten in einer Reihe von Ländern zur Deregulierung der Finanzmärkte. Im Privatkundengeschäft schlossen sich Investmentbanken und Börsenmakler zu »Universalbanken« zusammen, die die Freiheit hatten, mit allen Formen von Finanzdienstleistungen zu handeln, Investitionen in Kundenunternehmen zu tätigen und so weit wie möglich als »One-Stop«-Anbieter von Finanzdienstleistungen für Privat- und Firmenkunden, Versicherungen, Renten und Hedgefonds, Krediten sowie Wertpapieren zu fungieren. Ende 2001 zählten zu den 15 größten Finanzdienstleistern der Welt vier Nichtbanken. 1999 unterzeichnete US-Präsident Bill Clinton den *Gramm-Leach-Bliley Act* (*GLBA*), der einige Bestimmungen des *Glass-Steagall Act* aufhob.[9] Die Globalisierung führte zu einer bedeutenden Internationalisierung der Finanzmärkte und schuf ein einziges weltweites Finanzsystem. In den 2000er Jahren begannen Nichtbanken, den Finanzsektor zu übernehmen.[10]

Die Zentralbanken legen (unter anderem) die Zinssätze fest und lenken die Wirtschaft in die Richtung ihrer milliardenschweren Kontrolleure. Eine kurze Nachforschung über die Zentralbanken deutet darauf hin, dass es sich dabei in erster Linie um private Unternehmen handelt, die denjenigen Menschen gegenüber, deren finanziellen Status sie regeln, keine Rechenschaft ablegen müssen. Es ist klar, dass die Zentralbanken in den letzten drei Jahrzehnten die Agenda des 1 % vorangetrieben haben; es sollte sorgfältig untersucht werden, wie das 1 %, die Zentralbanken nutzt.

Was J. P. Morgan und John D. Rockefeller für das Zeitalter der Raubritterbarone waren, sind Bill Gates' *Microsoft* und Warren Buffetts *Berkshire Hathaway*s sowie digitale Moguln wie Mark Zuckerberg und Jeff Bezos für das heutige Zeitalter der Herrschaft des 1 %. Damals wie heute haben die Superreichen die Regierungen dafür benutzt, Gesetze und Regeln zu schreiben, die es ihnen erlauben, unbegrenzten Reichtum anzuhäufen. Damals wie heute ist die Strategie des 1 %, Monopole zu schaffen, indem man die Gemeingüter einhegt und Konkurrenten ausschaltet.

Glücksspiel im globalen Kasino bei gleichzeitiger Aneignung des Reichtums der Menschen: Die Geschichte von Buffett

Die *eine* Ökonomie, die von Bill Gates und Warren Buffett und Big Money aufgebaut wird, wird durch die Tatsache belegt, dass die größte Investition des *Gates Foundation Trust* mit 11,8 Milliarden Dollar im Jahr 2014 im US-Konglomerat *Berkshire Hathaway* getätigt wurde. Und dessen Chief Executive Officer Warren Buffet – ein Treuhänder der *Gates Foundation* – hat seinerseits der Stiftung Milliarden gespendet. (Der *BMGF*-Trust verwaltet »das Anlagevermögen und überweist [die] Erlöse an die Stiftung, wenn dies zur Erreichung der wohltätigen Ziele der Stiftung erforderlich ist«. Die größten Beteiligungen des Trustes liegen bei *Berkshire Hathaway.*) Bill Gates ist auch als Vorstandsmitglied von *Berkshire Hathaway* tätig. Diese Firma besitzt 60 Tochtergesellschaften, hauptsächlich mit Sitz in den USA, unter anderem in den Bereichen Landwirtschaft und Energie, Einzelhandel, Medien, Transport, Elektronik, Chemikalien, Schmuck, Möbel und Versicherungen. In unserer Welt würde man dies als Interessenkonflikt bezeichnen, aber in der Welt von Big Money nennt es sich »Innovation«.

Wie ist Buffett so »reich« geworden? Warren Buffett wurde nicht mit *Berkshire Hathaway* reich; er sammelte Reichtum durch die *Government Employees Insurance Company* (*GEICO*). Er verkaufte Versicherungen an Regierungsangestellte, das heißt an Menschen, die sich ihre Versicherungsbedingungen nicht selbst aussuchen dürfen; es ist ihr Arbeitgeber, der unter den Möglichkeiten auswählt, die Buffett zu bieten beschließt: zu einem Preis seiner Wahl; von der Aufsichtsbehörde abgezeichnet und vom Angestellten bezahlt. Ein Teil jedes staatlichen Gehalts wird automatisch als abzugsfähige Versicherungszahlung in Buffetts Bank umgeleitet – ein effizientes, sich selbst tragendes Modell des Cash-Flows ins Buffett-Land.

Kasinos und Versicherungsgesellschaften, die lukrativsten Unternehmen der Welt, nutzen die Wahrscheinlichkeitsrechnung, um Gewinne zu erzielen. In juristischer Sprache werden Ereignisse definiert, die selten auftreten und unwahrscheinlich sind, um diese mit Versicherungsverträgen abzudecken. Wahrscheinlichkeitsrechnung wird verwendet, um Gewinne zu erzielen, indem selten auftretende Ereignisse versichert werden. Im seltenen Falle einer Auszahlung verliert Buffett zwar den versicherten Wert, behält aber einen Selbstbehalt, der seine Kosten deckt und es ihm ermöglicht, die Gewinnschwelle zu erreichen. Ein Gewinn ist es dann, wenn Policen ohne Anspruch ablaufen. Nach den Daten des *Chicago Mercantile Exchange*, die über einen Zeitraum von drei Jahren – 1997 bis 1999 – gesammelt wurden, laufen 76,5 Prozent aller Versicherungen ohne Auszahlung ab.[11] Zusätzlich gehen 76,5 Prozent der Versicherungsprämien aller Regierungsangestellten direkt an die Versicherungsgesellschaft. Darüber hinaus sind die Kosten für die bei Eintritt des Versicherungsfalles fällige Auszahlung mit den gezahlten Versicherungsprämien vorfinanziert; die Versicherungsgesellschaft erhält mit 100-prozentiger Sicherheit ein versichertes Einkommen.

Elite-Händler an der Wall Street verkaufen Optionen. Täglich werden damit Milliarden verdient. Warren Buffetts bevorzugte »Optionsstrategie« ist offenbar der »Verkauf von Puts«. Puts sind Optionen, um sich »in das Ergebnis einzukaufen« (im Wesentlichen also ein Vertrag). Um es klar zu sagen: Es handelt sich dabei nicht um eine Wette auf das Ergebnis, das mit einer gewissen Wahrscheinlichkeit eintritt – es ist lediglich eine Reservierung an einem Tisch, an dem der Besitzer der »Option« in Zukunft Platz nehmen kann, wenn er es möchte.

1993 verkaufte Buffett 50 000 Put-Verträge und erhielt dafür 7,5 Millionen Dollar an Barprämien im Voraus. Gleichzeitig versicherte er (möglicherweise über seine eigene Versicherungsgesellschaft) fünf Millionen Aktien von *Coca-Cola* – die er zu diesem Zeitpunkt gar nicht besaß – zum Preis von 35 Dollar pro Aktie. Der Wert jeder Aktie lag damals bei 39 Dollar und damit vier Dollar über dem versicherten Wert. Wenn zum Verfallsdatum der 50 000 Put-Verträge der Wert der *Coca-Cola*-Aktien höher als 35 Dollar war, würde Buffett die Prämie von 7,5 Millionen Dollar mit nach Hause nehmen, und die versicherten Freunde von Buffett hätten eine Option, die Aktien zum Marktwert zu kaufen. Sollten die *Coca-Cola*-Aktien jedoch plötzlich an Wert verlieren, würde er die Barprämie von 7,5 Millionen Dollar behalten und immer noch fünf Millionen Aktien besitzen, die jeweils zu vier Dollar unter dem Marktwert gekauft wurden.[12]

Während die Weltwirtschaft zusammenbrach und Griechenland und Portugal durch Kreditbedingungen gefesselt wurden, war Warren Buffett am 3. November 2009 damit beschäftigt, das Eisenbahnsystem *Burlington Northern Santa Fe* zu erwerben. Er verkaufte 5,5 Millionen Put-Optionen, um eine Beteiligung an dem Unternehmen zu begründen, bevor er das gesamte Unternehmen kaufte und privatisierte. Dann zog er sich daraus zurück und ließ sich auszahlen. Er verkaufte auch Put-Optionen auf verschiedene Aktienindizes auf der ganzen Welt und verdiente dadurch 4,9 Milliarden Dollar.[13]

Verkäufer von Put-Optionen sind die einzigen Überlebenden eines wirtschaftlichen Zusammenbruchs, ihr Kapital und ihre Interessen sind durch die Regierung von der Wirtschaft isoliert. Genau so war es auch beim Zusammenbruch 2008.

Vanguard und die neue Armada der Investmentfonds: Wie das 1% die Wirtschaft und die Großkonzerne kontrolliert

Scheiß auf die EU.

Victoria Nuland, Stellvertretende Staatssekretärin für europäische und eurasische Angelegenheiten, Außenministerium der Vereinigten Staaten

Dies wurde während eines Telefongesprächs gesagt, das am 28. Januar 2014 zwischen Nuland und dem ukrainischen US-Botschafter stattfand. Victoria Nuland hat auch Verbindungen zur *Vanguard*-Gruppe, einem großen privaten Finanzinstitut; ihr Assistent ist Mitarbeiter von *Vanguard*. Nuland orchestrierte am 22. Februar 2014 einen Regimewechsel in der Ukraine und gab fünf Milliarden Dollar aus, um das Land zu destabilisieren. Ihr Assistent wurde in Deutschland mit Milliarden an gefälschtem Geld verhaftet, das die *Vanguard*-Gruppe 2016 gedruckt hatte.[14]

In einem Artikel von Kirsten Grind mit dem Titel »*Vanguard* erreicht ein Vermögen von drei Billionen Dollar, und das passt zur gesamten Hedge-Fonds-Industrie« beschrieb das *Wall Street Journal* die *Vanguard*-Gruppe als »einen Vermögensverwalter, der von einem grünen Vorort von Philadelphia aus Indexfonds verkauft [und] inzwischen ungefähr genauso viel Vermögen verwaltet wie die gesamte Hedge-Fonds-Industrie«. Mit all diesem Kapital ist *Vanguard* zum Eigentümer dieser Industrie geworden, zumindest wirtschaftlich gesehen. Darüber hinaus ist die Gruppe durch ihre Verbindung mit *Academi* und *Greystone* auch eine politische Institution. *Academi* (ehemals *Blackwater*), dem *Greystone* gehört, ist ein privates amerikanisches Militärunternehmen, das 1997 vom ehemaligen Navy SEAL-Offizier Erik Prince gegründet wurde.[15] Andere große und unregulierte Institutionen sind *Fidelity*, *BlackRock* und *State Street*.

Als wir 2016 begannen, dieses Buch zu schreiben, war *Vanguard* drei Billionen Dollar wert; als wir 2017 mit der Herausgabe begannen, war das Vermögen der Gruppe auf 4,3 Billionen Dollar angestiegen. Zum Zeitpunkt des Drucks [der indischen Ausgabe] im Jahr 2018 lag ihr Vermögen bei 5,1 Billionen Dollar.[16]

Vanguard ist im Besitz seiner Investoren; die Milliardäre der Welt verstecken sich dahinter. Es entstand 1958, als der *Wellington Fund*, der am 27. Dezember 1928 mit 10.000 Dollar von Walter Morgan gegründet wurde, mit dem *Windsor Fund* fusionierte.[17] Heute ist *Vanguard* eine 118-Fonds-Familie. Im Jahr 1974 entsand die *Vanguard*-Gruppe, und ihre Investoren wurden zu Gründungsmitgliedern, also zu Eigentümern.

Wie John Bogle, Vorsitzender des *Wellington Fund*, sagte:

> Obwohl ich als Chief Executive von *Wellington Management* raus war, blieb ich als Vorsitzender und Präsident des *Wellington Fund*

> und seiner Schwesterfonds dabei. Nach acht Monaten mühsamen Studiums konnte ich die Direktoren des Fonds überzeugen, mich in meinen Ämtern zu behalten und einen kleinen Stab aufzubauen, der die Buchhaltung, die Führung der Aktionärsunterlagen und die rechtlichen Angelegenheiten verwaltet. Für diese Aufgaben gründeten wir eine neue Gesellschaft, die vollständig im Besitz der Fonds selbst ist und auf Kostenbasis arbeitet – eine in der Branche einzigartige Struktur, die auf Gegenseitigkeit beruht. Der Name, den ich für die neue Firma wählte, war natürlich *The Vanguard Group Inc.*

Die Gruppe wurde nach dem Flaggschiff von Horatio Nelson in der Nilschlacht benannt, der *HMS Vanguard.*

Im Jahr 2003 verfügte *Vanguard Wellington* über Vermögenswerte in Höhe von 29.985 Dollar; heute kontrolliert die *Vanguard*-Gruppe Vermögenswerte im Wert von mehr als 5,1 Billionen Dollar – das ist die Magie des Finanzmarkt-Kapitalismus. Zwischen 1978 und 2003 betrug die jährliche Rendite für Investoren 13% und die kumulierte Rendite betrug 2058 Prozent. Das waren jährlich 2,6 Prozent mehr und kumuliert 950 Prozent mehr als bei konkurrierenden Fonds.

Auf der Website von *Vanguard* heißt es:

> Im Gegensatz zu jeder anderen Investmentgesellschaft sind wir dafür aufgestellt, Vermögen nur für unsere Kunden zu schaffen – nicht für außenstehende Eigentümer. Das motiviert uns, die Kosten niedrig zu halten – derzeit betragen sie weniger als ein Fünftel des Branchendurchschnitts. Dies hilft unseren Fondsanlegern, mit der Zeit bessere Erträge zu erzielen.
>
> Wir sind Vermögensverwalter von mehr als 20 Millionen Kunden. Mit Büros auf der ganzen Welt sind wir da für:
>
> - Einzelpersonen, die auf eigene Faust investieren.
> - Teilnehmer an vom Arbeitgeber gesponserten Pensionsplänen.
> - Finanzberater.
> - Institutionelle Anleger.
> - Investoren außerhalb der Vereinigten Staaten.[18]

Ganz gleich, um welchen Großkonzern es sich handelt, *Vanguard* besitzt die höchsten Anteile daran.

Tabelle: Vanguards Besitz von Aktien von Großkonzernen[19]

Unternehmen	*Wert der Aktien (1.000$)*	*Wertveränderung (1.000$)*	*Veränderung in %*	*Aktien im Besitz*
Apple, Inc.	30 242 730	-596 557	(1,93)	322 968 066
Microsoft Corp.	24 562 846	1 048 513	4,46	485 335 822
Exxon Mobil Corp.	23 347 894	497 351	2,18	261 953 264
Johnson & Johnson	19 775 571	414 993	2,14	175 393 093
General Electric Co.	17 042 195	-725 248	(4,08)	551 705 886
Facebook, Inc.	15 458 036	507 463	3,39	130 370 552
Amazon.com, Inc.	15 052 087	418 924	2,86	22 010 802
Berkshire Hathaway, Inc.	14 507 552	366 781	2,59	98 764 735
AT&T, Inc.	14 029 589	314 841	2,30	358 813 013
Procter & Gamble Co.	13 944 831	348 792	2,57	172 222 198
Wells Fargo & Co.	13 893 080	247 574	1,81	274 621 069
JP Morgan Chase & Co.	13 875 209	266 636	1,96	217 513 853
Alphabet, Inc.	12 328 470	398 867	3,34	17 256 856
Verizon Communications, Inc.	12 298 730	296 279	2,47	239 647 897
Alphabet, Inc.	12 213 378	369 313	3,12	17 492 413
Chevron Corp.	12 209 953	320 205	2,69	118 187 525
Pfizer, Inc.	12 058 983	272 069	2,31	367 651 919
Coca-Cola Co.	11 786 160	283 303	2,46	262 031 119
Home Depot, Inc.	10 033 299	90 890	0,91	73 747 144
Pepsico, Inc.	9 789 526	57 398	0,59	94 648 806

Kapitel 3

Die Technologie-Maschine des 1%

Wie die Raubritter und das Giftkartell unser tägliches Brot und unseren Planeten vergiftet haben

Unser schöner Planet hat sich in vier bis fünf Milliarden Jahren entwickelt und er hat die Menschheit 200.000 Jahre lang am Leben erhalten. Wir haben 10.000 Jahre lang ohne Gift gewirtschaftet. Wir haben mehr als 10.000 Pflanzenarten gegessen, die auf kluge Weise für Vielfalt, Ernährung, Geschmack, Qualität und Widerstandsfähigkeit gezüchtet wurden. Heute sind die Erde, unsere Bauernhöfe, unser täglich Brot vergiftet und verunreinigt. Das Wohl des Planeten und seiner Bewohner ist bedroht. Die biologische Vielfalt wird ausgeraubt und geplündert und in einer Geschwindigkeit zum Aussterben gebracht, die die Existenz unserer Spezies bedroht. Um Rosemary A. Mason zu zitieren: »Eine anthropogenes [von Menschen verursachtes *Anm. d. Ü.*] Massenaussterben ist im Gange, das sich auf alles Leben auf dem Planeten auswirken wird, und die Menschen werden angesichts dieses Phänomens um ihr Überleben kämpfen müssen.«[1]

Die industrielle Landwirtschaft, die auf Giftstoffen und fossilem Brennstoff beruht, ist die Hauptursache sowohl für das sechste Massenaussterben als auch für den Klimawandel. Die kostenintensive chemische Landwirtschaft hat die Bauern in eine Schuldenfalle getrieben und das Land leergefegt. Mehr als 300.000 indische Bauern haben aufgrund ihrer Verschuldung Selbstmord begangen.[2] Laut einem Bericht, der dem UN-Menschenrechtsrat von Hilal Elver, Sonderberichterstatter für das Recht auf Nahrung, und Baskut Tuncak, Sonderberichterstatter für Toxikologie, vorgelegt wurde, haben Pestizide »katastrophale Auswirkungen auf die Umwelt, die menschliche Gesundheit und die Gesellschaft als Ganzes, darunter schätzungsweise 200.000 Todesfälle pro Jahr durch akute Vergiftungen [...] Chronische Belastung mit Pestiziden wurde mit Krebs, Alzheimer und Parkinson, Hormonstörungen, Entwicklungsstörungen und Unfruchtbarkeit in Verbindung gebracht.«[3] Das vom Menschen verursachte Artensterben und die Klimazerrüttung sind ein Ökozid, ein Verbrechen gegen die Natur. Bauern durch Verschuldung und Menschen durch Krebs und Pestizidvergiftung zu töten, ist Völkermord, ein Verbrechen gegen die Menschlichkeit.

Vor hundert Jahren vereinigten sich das Geld und das Öl der Raubritter mit den Finanzen und den giftigen Technologien der Labore der *I.G. Farben* zu einem Giftkartell, das tödliche Waffen entwickelte. So begann ein Jahrhundert des Öko- und Völkermords durch Gifte und giftige Chemikalien. Chemikalien, die während des Zweiten Weltkriegs entwickelt wurden, um Menschen in Hitlers Konzentrationslagern zu töten, wurden nach Kriegsende zu den Agrochemikalien für die industrielle Landwirtschaft. Diese industrielle Landwirtschaft hat man dann den Menschen überall aufgezwungen.

Standard Oil und *I.G. Farben* gründeten 1927 ein Unternehmen, *Standard I.G. Farben*, und tauschten Patente aus, um die Wirtschaft auf beiden Seiten des Atlantiks zu kontrollieren.[4] Sie schlossen sich zusammen, um Zugang zum Konzentrationslager Auschwitz für die Produktion von künstlichem Gummi und synthetischem Benzin aus Kohle zu erhalten. Sie stellten das Kapital und die Technologien zur Verfügung, und Hitler lieferte die Arbeitskräfte aus dem Konzentrationslager.[5]

Monsanto und *Bayer*, die jetzt fusionieren, haben eine lange Geschichte. Sie stellten Sprengstoffe und tödliche Giftgase mit gemeinsam entwickelten Technologien her und verkauften sie während der Weltkriege an beide Seiten, an die Alliierten und die Achsenmächte. *Bayer* war damals ein Teil der *I.G. Farben*, Hitlers Wirtschaftsmacht und Deutschlands größter Devisenbringer der Vorkriegszeit mit

Büros in den Vereinigten Staaten und der Schweiz. Die *I.G. Farben* gehörte auch zu einer Operation des Auslandsgeheimdienstes. Hermann Schmitz agierte als Präsident des Unternehmens, sein Neffe Max Ilgner als Direktor, während Ilgners Bruder Rudolph als Vizepräsident von *Chemnyco* den New Yorker Zweig des *VOWI*-Netzwerks betreute. Der *VOWI* war eine Auslandsgeheimdienstaktion der Nazis.[6] *Chemnyco* wurde von der *I.G. Farben* mit einem Honorarvorschuss unterstützt und verwaltete die US-Ausgaben des Unternehmens.[7] Das amerikanische Unternehmen wurde von der *I.G. Farben* kontrolliert und stellte eine wertvolle Informationsquelle dar. Es wurde während des Krieges vom US-Justizministerium überprüft.[8]

Paul Warburg, der Bruder von Max Warburg, einem Mitglied des *Farben*-Aufsichtsrats, gründete das *Federal Reserve System* in den Vereinigten Staaten. Das Zentralbanksystem wurde am 23. Dezember 1918 mit der Verabschiedung des *Federal Reserve Act* geschaffen. Warburg veröffentlichte 1907 in der *New York Times Financial Review* »Einen Plan für eine modifizierte Zentralbank«, der zur Schaffung des *Federal Reserve Systems* beitrug.[9] Max Warburg und Hermann Schmitz waren die zentralen Akteure im *Farben*-Imperium. Weitere »führende Hände« des *Farben*-Vorstandes waren Carl Bosch, Fritz ter Meer, Kurt Oppenheim und Georg von Schnitzler; alle, mit Ausnahme von Paul Warburg, wurden nach dem Zweiten Weltkrieg zu Kriegsverbrechern erklärt.

Monsanto und *Bayer* hatten 1954 ein Joint Venture: *MOBAY*, Teil des Giftkartells der *I.G. Farben*. Die Kontrollbeteiligungen an beiden Unternehmen lagen bei denselben Beteiligungsgesellschaften. Ihre Expertise entstammt dem Kriegsgeschehen. *Monsanto* ging eine Partnerschaft mit der *I.G. Farben* ein, Hitlers Lieferant von Zyklon-B, einem auf Zyanid basierenden Pestizid, das während des Holocaust in den Konzentrationslagern eingesetzt wurde; es wurde als Beweismittel in den Nürnberger Prozessen verwendet, die die *I.G.Farben* und ihre Partner, darunter *Bayer*, *BASF* und *Hoechst* (*Aventis*) der Kriegsverbrechen für schuldig befanden.[10]

MOBAY lieferte während des Vietnamkrieges (1961–71) auch die Inhaltsstoffe für *Agent Orange*; über 75 Millionen Liter *MOBAY*-Entlaubungsmittel und Herbizide wurden über Südvietnam versprüht.[11] Das von *Monsanto* und *Bayer* lizenzierte *Agent Orange* wird seit Jahrzehnten weiterentwickelt. Während Kriege stattfanden, Menschen starben und Länder zerlegt wurden – mit künstlichen Grenzen, die der Kolonialisierung und dem Ressourcenabbau dienten – verkauften die beiden Konzerne Chemikalien als Bomben und Gifte.

Das Giftkartell des Krieges hatte sich wieder einmal zusammengefunden. Die sechs großen Pestizid- und GVO-Konzerne, denen die Saatgut-, Pestizid- und Biotechnologieindustrie der Welt gehört, sind *BASF*, *Bayer*, *Dupont*, *Dow Chemical Company*, *Monsanto* und *Syngenta*. *Monsanto* hat versucht, *Syngenta* zu kaufen, die jetzt mit *ChemChina* fusioniert; *ChemChina* hat *Syngenta* für 43 Milliarden US-Dollar erworben und plant für 2018 eine Fusion mit *Sinochem*. *Dow Chemical* hat *Union Carbide* aufgekauft (verantwortlich für die Katastrophe von Bhopal, durch die weiterhin Tausende Menschen getötet und verstümmelt werden), und fusioniert nun mit *Dupont* in einem 130-Milliarden-Dollar-Deal. Ganz oben steht auch der Aufkauf von *Monsanto* durch *Bayer* für 66 Milliarden Dollar. Allein durch diese Geschäfte werden bis zu 70 Prozent der weltweiten agrochemischen Industrie in den Händen von nur drei fusionierten Unternehmen liegen. Durch gegenseitige Lizenzvereinbarungen wird festgelegt, wer die Führung übernimmt. Entschieden wird auf Grundlage von Fragen der Profilbildung, Haftungsfreistellung, Steuerersparnis und Erweiterung der Monopolrechte durch Patente auf Nicht-Erfindungen.

Laut *Monsanto*s Website haben die *Bayer CropScience AG* und *Monsanto* »eine Reihe langfristiger Geschäfts- und Lizenzvereinbarungen in Bezug auf wichtige landwirtschaftliche Schlüsseltechnologien abgeschlossen«. Dadurch erhalten *Monsanto* und *Bayer* freien Zugang zu den Herbiziden des jeweils anderen Unternehmens und zu der dazugehörigen Herbizid-Resistenztechnologie. Durch Fusionen und Übernahmen ist die Biotech-Industrie zur *I.G. Farben* von heute geworden, mit *Monsanto* im Cockpit. Dessen Übernahmeversuch durch

Syngenta wäre lediglich ein Versuch gewesen, innerhalb des viel größeren Konglomerats aus industrieller chemischer Landwirtschaft und Biotechnologie, die Kosten und die Haftung zu reduzieren. Es gibt keinen Wettbewerb zwischen den großen Landwirtschafts- und Biotechnologiekonzernen. In Indien sind sogar die Vertriebskanäle für *Bayer* und *Monsanto* für Chemikalien und Saatgut sowie für die Kredite, die die Landwirte für den Kauf dieser Giftstoffe benötigen, dieselben. [Inzwischen wurde Monsanto ganz von Bayer übernommen.]

Die Biotech-Industrie – der chemisch-militärisch-industrielle Komplex unserer Zeit – ist ein einzigartiges globales Gebilde. Sie kümmert sich nicht darum, was mit den Ernten der Bauern passiert, wenn sie ihnen ihr Saatgut und ihre Chemikalien verkauft haben – es sei denn, der Bauer hat dieses Saatgut gar nicht verwendet, und sein Betrieb wurde trotzdem damit kontaminiert: Dann verklagen sie den Bauern! So war es bei dem australischen Biobauern Steve Marsh, dessen Feld durch den gentechnisch veränderten Raps (der aus der Senffamilie stammt, aber ohne die medizinischen Eigenschaften von Senf) seines Nachbarn kontaminiert wurde. Später stellte sich heraus, dass der Nachbar von *Monsanto* bezahlt worden war.

Die verschiedenen Unternehmen, die aus den Kriegsjahren hervorgegangen sind, werden zwar als separate Unternehmen dargestellt, sind aber eins in Bezug auf vergangene und gegenwärtige Partnerschaften und durch die gleichen Eigentümer. Ihre größten Investoren sind die neuen Finanzgiganten mit der *Vanguard*-Gruppe an der Spitze (siehe Grafik und Anhang zu den Eigentumsverhältnissen des Giftkartells auf S. xx und S. xx).

Die Fusionen ähneln eher einer »Reise nach Jerusalem«, die von den wirklichen Eigentümern, Investmentfonds wie *Vanguard, Blackrock, Capital Group, Fidelity, State Street Global Advisors, Norges Bank Investment Management* (*NBIM*) und anderen, organisiert werden. Dieses Spiel der »Reise nach Jerusalem« hat zwei Ziele: Marktexpansion und Verringerung der Haftung. Durch einen äußerlichen Zusammenschluss wird *Monsanto* beispielsweise zu einem europäischen

Unternehmen, verliert seinen Namen und damit auch seine Haftung, wenn die Kosten für Schäden an der Erde und den Gemeinden sichtbar werden. Das *Monsanto*-Tribunal und die *Monsanto*-Volksversammlung 2016 hat diese Nicht-Haftung und das Ablegen des Namens *Monsanto* für die Firma erforderlich gemacht.

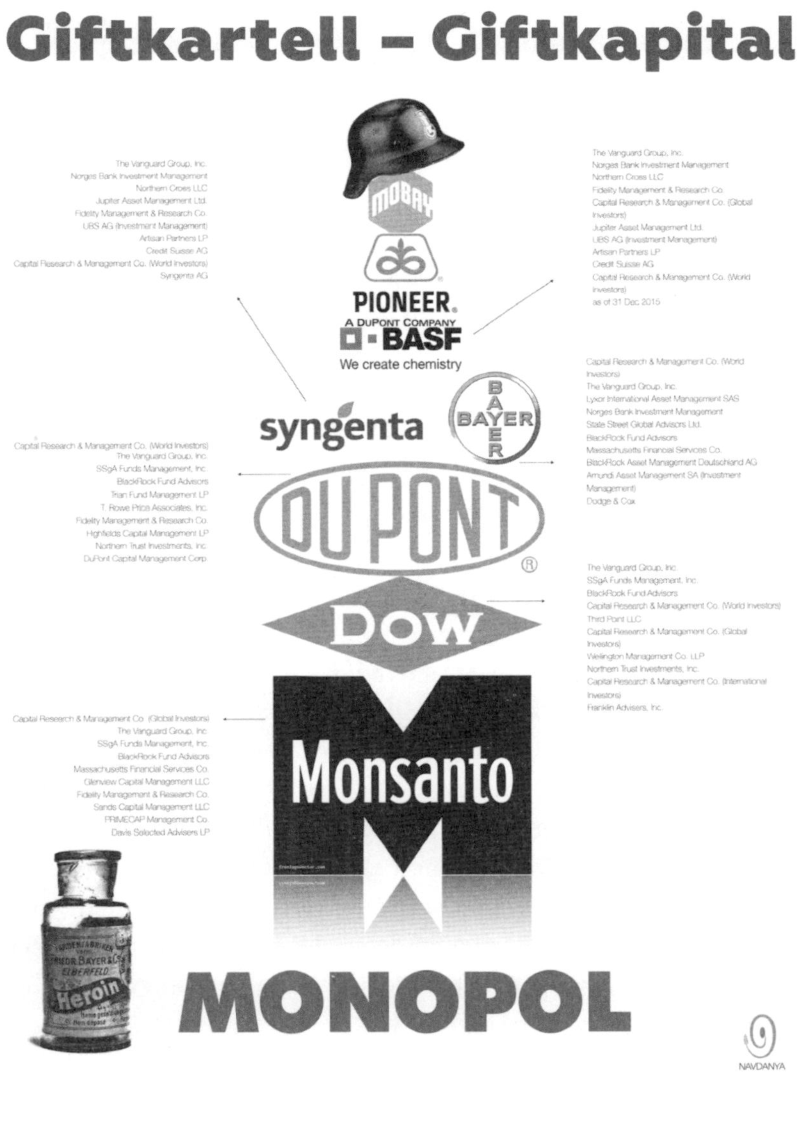

Während *Monsanto* angeblich seine problematischen Produkte wie Roundup einstellt, kann das Unternehmen gleichzeitig seinen Markt in Europa als europäisches Unternehmen weiter ausbauen; die Übernahme durch Bayer wird sogar von den europäischen Steuerzahlern mitfinanziert, ohne deren Erlaubnis oder Wissen.[12] Das *Monsanto*-Tribunal wurde gemeinsam von Bewegungen und Institutionen aus der ganzen Welt vom 14. bis 16. Oktober 2016 in Den Haag organisiert, um das Giftkartell für ein Jahrhundert der Verbrechen gegen Natur und Menschheit, der Verbrechen des Öko- und Genozides, zur Rechenschaft zu ziehen.[13]

In zwei Jahrzehnten Forschung und Entwicklung mit zahllosen Fusionen und Übernahmen und Milliarden von Dollar, die für Lobbyarbeit ausgegeben wurden, hat uns die Saatgutindustrie genau drei Ergebnisse geliefert. Eines war *Terminator*, das Ende der 1990er Jahre für illegal erklärt wurde; die beiden anderen sind Herbizidtoleranz und Bt-Toxin.

Am 25. März 2016 blockierte die indische Wettbewerbskommission (*CCI*) die Fusion von *Monsanto* und *Bayer*. Der globale Deal war von der *CCI* geprüft worden, da mögliche negative Auswirkungen auf den Wettbewerb bei GVO auf dem indischen Markt befürchtet wurden. *Bayer* legte gegen die Ablehnung Berufung ein, und die Fusion wurde im Januar 2018 für Anmerkungen und Einwände der Öffentlichkeit zugänglich gemacht. (Die *CCI* veranlasst einen öffentlichen Anhörungsprozess, wenn sie »auf Anhieb der Meinung ist, dass eine Fusion eine spürbare nachteilige Auswirkung auf den Wettbewerb hat oder wahrscheinlich haben wird«.) Ich selbst habe am 21. Januar 2018 Einspruch eingelegt. Die Einzelheiten der Fusion sind zusammen mit meinen Einwänden auf meiner Website *vandanashiva.com* unter »*Monsanto-Bayer*›Combination‹ – Comments Submitted to the Competition Commission of India«, verfügbar. Obwohl dies ein wichtiger Schritt war, müssen wir weiterhin Bewegungen ins Leben rufen, um die ständig zunehmende Unternehmenskontrolle über unser Saatgut und unser tägliches Brot zu verhindern, indem wir Selbstorganisation stärken und den Widerstand fortsetzen.

Konzerne wie *Monsanto, Bayer, Dow, Dupont* und *Syngenta* vergrößern ihre Imperien durch Freihandel, neoliberale Politik und die Deregulierung des Marktes mit Mega-Buyouts (fremdfinanzierten Übernahmen). Dies ist der Fall bei dem jüngsten Angebot von *Bayer* für den Kauf von *Monsanto,* das die Europäische Zentralbank gefördert hatte. Dies bedeutet, dass öffentliche Gelder dazu verwendet werden, das Monopol derjenigen zu stärken, die das Leben und die Rechte der Menschen angreifen. Die Europäische Union genehmigte die Fusion *Monsanto-Bayer* am 21. März 2018, »unter der Bedingung eines umfangreichen Maßnahmenpakets, das die Überschneidungen der Parteien bei Saatgut, Pestiziden und digitaler Landwirtschaft beseitigt«.[14]

Überall auf der Welt erheben sich die Menschen, und demokratische Regierungen reagieren darauf, um Ökozid und Völkermord zu stoppen. Zusätzlich zum globalen *Monsanto*-Tribunal wurde am 29. November 2016 von *Navdanya* in Bhopal eine Volksversammlung wegen *Dow Dupont* organisiert.[15] Im April 2017 fand während der Jahreshauptversammlung des *Bayer*-Konzerns in Köln eine weitere Volksversammlung zum Zusammenschluss von *Bayer* und *Monsanto* statt.[16] Die Riesenkonzerne haben darauf reagiert, indem sie gegen die Gesetze und die Regierungspolitik vorgingen, die als Reaktion auf die Volksbewegungen und den Aufruf zum Schutz der Erde sowie der Rechte der Menschen eingeleitet wurden. Eines der inzwischen zahlreichen Beispiele dafür ist, dass *Bayer* die indische Regierung verklagt, um sein Monopol an dem gefährlichen Medikament *Nexavar* zu behalten.[17]

Heute wird nicht nur das alte Giftkartell durch Megafusionen zu einem neuen Kartell zusammengeführt, es geht über die Konzentration auf Saatgut, Pestizide und chemische Düngemitteln hinaus und dehnt sich weiter aus: auf Landwirtschaftsmaschinen, Informationstechnologien sowie auf Klima- und Bodendaten und Versicherungen. So soll die totale Kontrolle über unsere tägliche Nahrung erlangt werden. Dies ist eine rücksichtslose Übernahme um jeden Preis durch das gewaltsame Profit-Paradigma. Obwohl die Wissenschaft missbraucht und die Wahrheit unterdrückt wird, benutzen diese aus der Kriegswirtschaft hervorgegangenen Konzerne das Wort »Wissenschaft«, um ihr Giftimperium mit Hilfe von PR-Kampagnen auszuweiten, indem sie behaupten: Ohne Gifte und das Giftkartell würde die Welt verhungern.

Eine gescheiterte Strategie wird weiter als Zukunftslösung angepriesen, weil sie im Mittelpunkt der linearen Erzählung von »Fortschritt« und »Kontrolle« sowie von »Technologie« steht: wie sie von dem 1 % definiert werden. Dies ist die Grundlage ihres falschen Narrativs, »Schöpfer« zu sein und die zivilisatorische Mission unserer Zeit zu erfüllen. Sie machen Profit, indem sie in Zeiten des ökologischen und sozialen Zusammenbruchs die Risiken und die Verwundbarkeit erhöhen. Dies ist auch die Grundlage für die Beanspruchung von Patenten auf Leben, wobei sich das 1 % als »Erfinder« und »Schöpfer« ausgibt. Für sie sind Patente, Gebühren und Monopole das Endspiel.

Informationstechnologie und Biotechnologie werden zu einem neuen »grünen« Goldrausch, mit Bill Gates und *Monsanto* an der Spitze. IT wird genutzt, um genetische Daten »zu schürfen« und Patente auf Pflanzen zu beanspruchen, die weder Gates noch *Monsanto* geschaffen haben und über die sie keinerlei Kenntnisse besitzen – sie haben nur »Daten«.

Die Klimakrise, zu der die industrialisierte, auf fossilen Brennstoffen beruhende Landwirtschaft 50 Prozent beiträgt, wird nun von Gates genutzt, um neue Schurkenstreiche für Geo-Engineering anzustoßen. *Monsanto* setzt Technologie ein, um klimaresistentes Saatgut, das Bauern gezüchtet haben, zu stehlen, Klima- und Bodendaten in neue Rohstoffe für neue Monopole zu verwandeln und sie mit Versicherungen zu verknüpfen. Das Unternehmen sieht zusammengenommen einen drei Billionen-Dollar-Markt in den Bereichen Landwirtschaft, Daten, Versicherungen, Saatgut und Chemikalien.[18]

Der Besitz unseres eigenen Saatguts durch Saatgutfreiheit, unserer eigenen Nahrung durch Lebensmittelfreiheit, unseres eigenen Verstandes und unserer Intelligenz durch geistige Freiheit, unserer eigenen Wirtschaft durch die Freiheit, ökologisch und lokal zu produzieren und zu konsumieren, das ist die »Barbarei«, die das 1 % auslöschen möchte. Aber dies sind auch die Freiheiten, für deren Verteidigung ich mich zusammen mit einer Reihe anderer sozialer Bewegungen einsetze.

Genetischer Determinismus, genetischer Reduktionismus und Gentechnik

Genetischer Determinismus und genetischer Reduktionismus sind ein Versuch, das Leben selbst in eine mechanische Form zu zwingen; es handelt sich dabei nicht um die natürliche Entwicklung der intellektuellen Suche der Gesellschaft nach einem Verständnis der Welt, von der wir ein Teil sind. Vielmehr handelt es sich um politische Herrschaft und Kontrolle. Das Paradigma der Gentechnik hat sich nicht entwickelt, sondern wurde künstlich errichtet: durch das Große Geld von Rockefeller, dem reichsten Mann seiner Zeit.

Der Begriff »Molekularbiologie« wurde 1938 von Warren Weaver von der *Rockefeller Foundation* geprägt. Von 1932 bis 1959 flossen 25 Millionen Dollar in Molekularbiologie-Projekte in den USA, ein Viertel der Gesamtausgaben dieser Stiftung. Die Grundlage für die Gentechnik wurde mit Mitteln der *Rockefeller Foundation* geschaffen, mit den von *Standard Oil* erwirtschafteten Gewinnen. Heute spielt die *Bill & Melinda Gates Foundation* diese Rolle.

Wie Lily Kay in *The Molecular Vision of Life* berichtet, zielte die Molekularbiologie darauf ab, »die menschlichen Beziehungen mit den gesellschaftlichen Bedingungen des industriellen Kapitalismus in Übereinstimmung zu bringen«.[19] Ursprünglich hieß diese Disziplin »Sozialpsychologie« und war eine »Wissenschaft« der sozialen Kontrolle, die auf »konditionierter Macht« beruhte. Im sozialen Konstrukt des »Gens« als physiologischem Ort der sozialen Kontrolle erhielt »das Ziel der selektiven Züchtung als Korrektiv zur wahrgenommenen Auswechslung und Degeneration des angelsächsischen Bestands ein präzises Ziel«.[20]

Die Eugenik war ein wichtiger Teil des Projekts zur Einführung des »Gens«. Für die Rockefeller-Stiftung, die das Projekt vorantrieb, war es wichtig, »die Vermehrung der Schwachsinnigen ebenso einzuschränken [...] [wie] soziale Dysfunktion aufgrund der Unfähigkeit der Gesellschaft, sich an den technologischen Wandel anzupassen. Diese Probleme können durch soziale Kontrolle behoben werden«.[21] Anstatt Werkzeuge und Technologie an die Bedürfnisse der Menschen und der Gesellschaft anzupassen, würde man die Gesellschaft so manipulieren, dass sie sich an die Technologie anpasst. Die Wurzeln der heutigen Gentechnik liegen in der Humantechnologie, dem genetischen Reduktionismus und dem genetischen Determinismus der 1930er Jahre.

Damals wie heute geht es um Kontrolle. Damals wie heute prägen die Vorurteile der Superreichen und ihre Angst vor Frauen, Armen, Migranten und Menschen anderer Hautfarbe das, was sie als »Wissenschaft« bezeichnen: als letztgültige objektive Wahrheit, während sie in Wirklichkeit Ausdruck subjektiver Vorurteile sind, der Angst vor dem Anderen und des ungezügelten Drangs nach Herrschaft.

In den etwa zwölf Jahren nach 1953 wurden alle Nobelpreise für Physiologie oder Medizin bis auf einen für von der *Rockefeller Foundation* geförderte Forschung vergeben.[22] Es ist daher nicht verwunderlich, dass im Falle des Scheiterns des Gentechnikprojekts, das auf einer künstlichen Wissenschaft und falschen Annahmen über die Funktionsweise des Lebens beruht, nicht weniger als 107 Nobelpreisträger mobilisiert wurden, um sich für ein gentechnisches Produkt, den *Goldenen Reis*, einzusetzen, obwohl dieser zwei Jahrzehnte lang versagt hat. Am 29. Juni 2016 wurden Greenpeace und andere Gruppen zur Unterstützung aufgerufen, obwohl sie sich aktiv gegen den Einsatz von GV-Pflanzen einsetzen. Im Juli 2018 lag die Zahl der Unterzeichner dieses Aufrufs nur bei 134.

Das Paradigma der Gentechnik dringt in das Leben selbst ein und definiert Menschen und lebende Organismen neu: als Maschinen, die manipuliert und technisiert werden können. Die Definition eines Konstrukts, des »Gens«, als Baustein des Lebens, ist wissenschaftlich fehlerhaft. Wie Richard Lewontin in *The Doctrine of DNA* sagt:

> Die DNA ist ein totes Molekül, eines der reaktionsunfreudigsten, chemisch inaktivsten Moleküle der Welt. Sie hat keine Kraft, sich selbst zu reproduzieren. Vielmehr wird sie aus elementaren Materialien durch eine komplexe zelluläre Maschinerie von Proteinen erzeugt. Es wird zwar oft gesagt, dass die DNA Proteine produziere, aber in Wirklichkeit produzieren Proteine (Enzyme) die DNA.
>
> Wenn wir Gene als selbstreproduzierend bezeichnen, verleihen wir ihnen eine geheimnisvolle autonome Kraft, die sie über die gewöhnlichen Bestandteile des Körpers zu stellen scheint. Wenn jedoch irgendetwas auf der Welt als selbstreproduzierend bezeichnet werden kann, dann nicht das Gen, sondern der gesamte Organismus als komplexes System.[23]

Der genetische Reduktionismus ist die Grundlage der Gentechnik und der GVO, die vom Giftkartell als Wundermittel zur Umgestaltung der Landwirtschaft forciert werden. Wir müssen die Warnung von Carl R. Woese, einem der bedeutendsten Mikrobiologen unserer Zeit, beherzigen:

> Die Gesellschaft kann nicht eine Biologie tolerieren, deren metaphysische Grundlage veraltet und irreführend ist: Die Gesellschaft muss dringend in Harmonie mit der übrigen Welt leben, nicht mit einer Biologie, die ein verzerrtes und [ein] unvollständiges Abbild dieser Welt ist. Weil ihr beigebracht wurde, die obige Hierarchie der Wissenschaften zu akzeptieren, versteht die Gesellschaft heute die Biologie als Problemlöser, der die lebendige Welt verändert. […] Die Gesellschaft wird erkennen, dass es die Biologie gibt, um die Welt zu verstehen, nicht um sie zu verändern. Die Hauptaufgabe der Biologie ist es, *uns* zu unterweisen. In dieser Erkenntnis liegt unsere Hoffnung, dass wir lernen, in Harmonie mit unserem Planeten zu leben.[24]

Genetischer Determinismus und Reduktionismus gehen Hand in Hand. Zu sagen, dass Gene übergeordnet sind, ist mehr Ideologie als Wissenschaft. Gene sind keine unabhängigen Einheiten, sondern abhängige Teile eines Ganzen, das ihnen Wirkung verleiht. Alle Teile der Zelle interagieren miteinander, und die Kombinationen von Genen sind mindestens ebenso wichtig wie ihre individuellen Wirkungen bei der Entstehung eines Organismus. Im weiteren Sinne kann ein Organismus nicht einfach als das Produkt einer Reihe von Proteinen behandelt werden, die jeweils von dem entsprechenden Gen produziert werden. Gene haben vielfältige Wirkungen, und die meisten Merkmale hängen von mehreren Genen ab. Dennoch wird an der linearen und reduktionistischen Kausalität des genetischen Determinismus festgehalten, auch wenn gerade die Prozesse, die die Gentechnik möglich machen, den Konzepten von den »Meistermolekülen« und dem »zentralen Dogma« zuwiderlaufen.

Die Gentechnik hat erkenntnistheoretische und ethische Auswirkungen auf die materiellen Bedingungen unseres Lebens, unserer Gesundheit und unserer Umwelt: Sie verschiebt Gene zwischen den Spezies, indem sie »Vektoren« verwendet – eine mosaikartige Neukombinierung natürlicher genetischer Parasiten aus verschiedenen Quellen, einschließlich Viren, die bei Tieren und Pflanzen Krebs und andere Krankheiten verursachen und die mit einem oder mehreren antibiotikaresistenten »Marker«-Genen versehen sind. Die in den letzten Jahren gesammelten Befunde bestätigen die Befürchtung, dass diese Vektoren eine Hauptquelle genetischer Verschmutzung mit drastischen Folgen für die Umwelt und die öffentliche Gesundheit darstellen. Es hat sich gezeigt, dass vektorvermittelter horizontaler Gentransfer und Neukombinationen an der Erzeugung neuer pandemischer Stämme bakterieller Krankheitserreger beteiligt sind.

Die Techniker der Biotechnologie verfügen weder über das wissenschaftliche Fachwissen der Gen-Ökologie noch über das der verschiedenen Disziplinen, die für die Risikobewertung von GVO im Zusammenhang mit der Umwelt und der öffentlichen Gesundheit erforderlich sind.

Tiefergehende ethische wissenschaftliche Forschung hat zu dem heute aufstrebenden Forschungsfeld der Epigenetik geführt. Während der genetische Reduktionismus zu der falschen Annahme verleitet, dass die Gene die Eigenschaften des Lebens kontrollieren, zeigt die neue Wissenschaft der Epigenetik, dass das Leben von etwas gesteuert wird, das über die Gene hinausgeht. Über Membranschalter wirkende Umweltsignale steuern die Genaktivität. Von der Umwelt abgeleitete Signale aktivieren Membranschalter, die sekundäre Signale in den Zellkern senden, und innerhalb des Zellkerns wählen die Signale die Gen-Blaupausen aus und steuern die Herstellung bestimmter Proteine. Epigenetische Mechanismen können das Ablesen eines Gens so verändern, dass über 30.000 verschiedene Variationen von Proteinen durch dieselbe Gen-Blaupause entstehen. Die Epigenetik beschreibt, wie die Genaktivität und der zelluläre Ausdruck durch Informationen aus der Umwelt und nicht über die innere Substanz der DNA reguliert werden.

Auf einer höheren Systemebene ist die Einschränkung noch gravierender. Beispielsweise wird *Bt brinjal* (eine gentechnisch veränderte Auberginenart) als schädlingsresistent angepriesen. Da wird ein Gen zur Produktion eines Toxins in die Pflanze eingebracht, außerdem Antibiotikaresistenzmarker und virale Promotoren. Das ist so, als würde man mit einem Bagger ein Loch in die Wand Ihres Hauses machen, um ein Gemälde anzubringen. Genauso wie der Bagger die Wand zerstören wird, wird die transgene Transformation den Stoffwechsel und die Selbstregulierungsprozesse des Organismus stören. Die Gentechnik ist wie der Bagger zwar »Hightech«, aber sie ist auch eine zu grobe Technik für die sensible Aufgabe, das ökologische Gefüge der Landwirtschaft zu erhalten, um Schädlinge zu bekämpfen. Schädlinge werden durch biologische Vielfalt bekämpft, durch biologische Praktiken, die eine Widerstandsfähigkeit gegen Schädlinge und Krankheiten aufbauen. In *Navdanya* setzen wir keine Pestizide ein und haben keine Schädlinge; in Andhra Pradesh betreibt ein Regierungsprojekt für pestizidfreie Bewirtschaftung bislang schon 1.400.000 Hektar erfolgreich.

Die wissenschaftliche Alternative zu der grobschlächtigen Methode, giftige Gene in unsere Nahrung einzubringen, ist die Agrarökologie.

Auf Grundlage einer globalen Übersicht von Peer-Review-Studien hat der Weltagrarrat (*International Assessment of Agricultural Science and Technology for Development – IAASTD*) bestätigt, dass auf Agrarökologie beruhende Systeme all jene landwirtschaftlichen Systeme übertreffen, die mit Gentechnik arbeiten. Epigenetik und Agrarökologie sind die Wissenschaften der Zukunft. Die reduktionistische Biologie ist eine primitive Wissenschaft der Vergangenheit.

Gifthandel und Wissenschaftsbetrug, Diebstahl von Leben

Seit *Monsanto* vor mehr als zwei Jahrzehnten mit seiner gentechnisch veränderten *Bt-Baumwolle* (*Bt = Bacillus thuringiensis*) nach Indien kam, hat das Unternehmen mehrere Gesetze gebrochen, Bauern durch unwissenschaftliche und betrügerische Behauptungen getäuscht und riesige Gewinne durch illegale Lizenzgebühren erzielt. Es hat gegen die indischen Patent- und Urheberrechtsgesetze verstoßen und viele Bauern tief in die Verschuldung getrieben, was schließlich zu Selbstmorden führte. Auch sterben Bauern an Pestizidvergiftung, da *Bt-Baumwolle* einen exzessiven Einsatz von Pestiziden erfordert, um Samenkapselwürmer und andere neue »Superschädlinge« zu bekämpfen, die erst durch das Versagen der angeblichen Schädlingsbekämpfungstechnologie der *Bt-Baumwolle* entstanden sind.

Monsanto führte 1995 *Bt-Baumwolle* illegal in das Land ein. In Indien werden GVO durch die »Gesetze für die Herstellung, Verwendung, Einfuhr, Ausfuhr und Lagerung von gefährlichen Mikroorganismen, gentechnisch veränderten Organismen oder Zellen« von 1989 geregelt, die im Rahmen des Environment (Protection) Act von 1986 formuliert wurden. Am 10. März 1995 importierte *Mahyco*, *Monsanto*s regionaler Partner, 100 Gramm *Bt-Baumwollsaatgut*, nachdem es die Genehmigung vom *Review Committee of Genetic Manipulation* (RCGM), das dem *Department of Biotechnology* untersteht, erhalten hatte, aber nicht vom *Genetic Engineering Approval Committee* (GEAC) des Ministeriums für Umwelt, Forstwirtschaft und Klimawandel, dem einzigen Gremium, das Genehmigungen für den Import gentechnisch veränderter Substanzen (in diesem Fall Saatgut) für Feldversuche und eine kommerzielle Freisetzung erteilen darf.

1998 begann *Mahyco-Monsanto* mit großangelegten, multizentrischen Feldversuchen auf über 40 Hektar an 40 Standorten in neun Bundesstaaten.[25] Auch diese Feldversuche wurden ohne Genehmigung des *GEAC* durchgeführt.

Die *GEAC*-Genehmigung für den kommerziellen Anbau von *Bt-Baumwolle* erfolgte schließlich 2002 mit der Begründung, dass *Bt-Baumwolle* über eine Schädlingsbekämpfungstechnologie für den Baumwollkapselwurm verfüge. Als das Unternehmen mit dieser betrügerischen Behauptung hausieren ging, errichtete es ein Saatgutmonopol, obwohl die Patentierung von Saatgut in Indien gemäß Artikel 3(H) und 3(J) des Patentgesetzes von 1970 verboten ist. *Monsanto* wusste, dass seine Aktionen zu einer massiven Verschuldung der Bauern führen würden, aber selbst als die Epidemie der Bauernselbstmorde in Maharashtra begann – fast 85 Prozent der mehr als 300 000 Bauernselbstmorde geschahen in der Baumwollanbauregion, in der *Monsanto* ein 99-prozentiges Saatgutmonopol errichtet hat[26] – fuhr das Unternehmen einfach mit seiner Ausbeutungspolitik fort. Tatsächlich hat *Monsanto* seit der Legalisierung der *Bt-Baumwolle* durch Einziehung von Lizenzgebühren von den Bauern 7.000 Millionen Rupien verdient, berichtet *Outlook* (März 2017).

Hohe Saatgutpreise und das Saatgutmonopol wurden in mehreren Fällen angefochten. Am 30. August 2005 hatte ein Bauernkollektiv in Andhra Pradesh, *Ryotu Sangham*, eine Vertretung vor der ehemaligen *Monopolies and Restrictive Trade Practices Commission* (*MRTPC*), der heutigen Wettbewerbskommission Indiens (*CCI*), abgegeben. Die Regierung des Bundesstaates schloss sich dem Fall an, und auch wir intervenierten. Die *MRTPC* stellte fest, dass *Mahyco-Monsanto Biotech (India) Private Limited* (*MMBL*) tatsächlich in der Lage war, willkürlich Gebühren für die *Bt-Baumwolltechnologie* zu erheben und keine rationale Erklärung für die Ermittlung des Marktpreises von 1.250 Rupien pro Paket geben konnte. Das *MRTPC* erklärte in seiner einstweiligen Verfügung vom 11. Mai 2006: »Es besteht ein grundlegender Unterschied zwischen Lizenzgebühr und Eigenschaftswert [...] und (diese) sind nicht gleichbedeutend [...] Die Pauschalzahlung von 5.000.000 Rupien kann als Lizenzgebühr betrachtet werden, aber die zukünftigen Zahlungen beim Verkauf können nicht als Lizenzgebühr bezeichnet werden. Es wurde auch entschieden, dass [...] *MMBL* durch eine einstweilige Verfügung angewiesen wird, während der Anhängigkeit dieses Verfahrens keinen Preis von 900 Rupien für ein Paket von 450 Gramm *Bt-Baumwollsaatgut* zu verlangen und einen angemessenen Marktpreis festzulegen.«

Im Jahr 2015 leitete die indische Regierung ein Verfahren bei der *CCI* ein, um das Monopol von *Monsanto* im Baumwollsaatgut-Sektor anzufechten (Fall Nr. 02/2015 & Fall Nr. 107/2015). Die *CCI* stellte fest, dass es Anscheinsbeweise für ein Monopol gab, und leitete eine Untersuchung ein. Sie stellte fest, dass der Konzern überhöhte Nutzungsgebühren erhob und in den Unterlizenzvereinbarungen unfaire Klauseln untergebracht hatte, die zu einem Monopol führten. *Monsanto* ging sofort zum *Delhi High Court* (Fall Nr.: WP [C] 1776 von 2016) und focht die Preisregelung der *CCI* sowie Artikel 3(J) des Patentgesetzes an, die Saatgut, Pflanzen und Tiere von der Patentierung ausschließen.

14 Jahre nach der Kommerzialisierung der *Bt-Baumwolle* akzeptierte die indische Regierung, dass die GVO-Sorte im Grunde gescheitert ist. In einer eidesstattlichen Erklärung, die am 23. Januar 2016 vor dem Delhi High Court eingereicht wurde, erklärte sie:

»Der Rosa Baumwollkapselwurm, ein Hauptschädling für die Baumwolle, hat in den letzten zwei bis drei Jahren bereits Resistenzen entwickelt; die Bauern sind besorgt, da sie *Bt-Baumwollsaatgut* ausgesät haben, das zu einem hohen Preis [...] eingekauft wurde. Es ist ein natürliches Phänomen, dass im Laufe der Jahre [die] Wirksamkeit der Technologie abnimmt, weshalb auch die Lizenzgebühren für die Technologie gesenkt werden sollten. [...] Baumwollsaatgut ist heute für die Landwirte unerschwinglich, weil das *MMBL* (*Mahyco-Monsanto Biotech Ltd.*), das ein Beinahe-Monopol auf *Bt-Baumwollsaat-*

gut hat, hohe Lizenzgebühren verlangt, was zu einem Marktversagen geführt hat.«

Dass der Baumwollkapselwurm eine Resistenz gegen das *Bt-Toxin* entwickelt hat, war bereits 2002 bekannt, und seitdem werden weitere wissenschaftliche Nachweise gesammelt, die diese Tatsache belegen.[27]

Für Baumwolle stellt das Auftreten von *Bt*-resistenten Knospen- und Samenkapselwürmern eine echte Gefahr dar, sobald dieses vormals wirksame Schädlingsbekämpfungsmittel seine Wirksamkeit verliert. Das *Bt*-Toxin wird in jeder Zelle und jedem Teil der Pflanze freigesetzt, wodurch die Schädlinge gegen *Bt* resistent werden und »Superschädlinge« entstehen, die einen höheren Pestizideinsatz erfordern. Die Baumwollbauern des Landes waren gezwungen, mehr Pestizide zu kaufen und einzusetzen, da *Bt-Baumwolle* es nicht nur nicht geschafft hat, den *Bt*-Baumwollkapselwurm zu bekämpfen, sondern auch zur Entstehung neuer Schädlinge geführt hat. Die daraus resultierende Verschuldung hat viele in den Selbstmord getrieben.

Bauern sterben auch durch Pestizidvergiftungen. Nach Angaben von Kishor Tiwari, dem Vorsitzenden der *Vasantrao Naik Shetkari Swavalamban Mission* (*VNSSM*), der Task Force der Regierung von Maharashtra für Agrarnotstand, starben im September 2017 in Vidarbha neun Bauern an den Folgen einer Pestizidvergiftung. Vier weitere verloren ihr Augenlicht, und siebzig befinden sich nach dem Versprühen des giftigen Insektizids im *Vasantrao Naik Government Medical College and Hospital* in Yavatmal in Behandlung.[28] Die Zahl der Todesopfer stieg innerhalb weniger Tage auf 35, und die Regierung beschuldigte die Pestizidfirmen des vorsätzlichen Mordes.[29] Tiwari erklärte deutlich, dass *Monsanto* im Falle von Todesfällen durch Pestizidvergiftung haftbar gemacht werden könne, weil das Versagen seiner *Bt-Baumwolle* zum Einsatz von Pestiziden und den damit verbundenen Todesfällen geführt hat.

Im Oktober 2017 ordnete die Ministerpräsidentin von Maharashtra, Devendra Fadnavis, eine Untersuchung durch ein Sonderermittlungsteam (*SIT*) an. Sie versicherte, dass gegen die Pestizidhersteller wegen vorsätzlicher Tötung ermittelt wird, weil diese behauptet hatten, die Pestizide würden Schädlinge kontrollieren. *Monsanto* hatte ja zuerst behauptet, dass seine *Bt-Baumwolle* Schädlinge bekämpft und den Einsatz von Pestiziden verhindert. Daher sollte die Untersuchung wegen vorsätzlicher Tötung bei *Monsanto* beginnen.[30]

Monsantos illegale Verbreitung von *Roundup Ready Bt-Baumwolle*

Obwohl *Monsanto*s *Bt*-Technologie in Indien kläglich gescheitert ist, hat das Unternehmen ein anderes toxisches Produkt, *Roundup Ready (RR) Bt-Baumwolle,* ohne kommerzielle Zulassungen auf den Markt gebracht. *Roundup,* ein Herbizid auf Glyphosatbasis, ist ein von der Weltgesundheitsorganisation (*WHO*) als »wahrscheinliches Karzinogen« deklariertes Produkt. *RR Bt-Baumwolle,* verpackt als *Bollgard-II,* ist illegal. Im Jahr 2017 sammelten die Bauern in Vidarbha nach Berichten über Kontaminationen Proben aus verschiedenen Gebieten und schickten sie zur Untersuchung an das in Nagpur ansässige Zentralinstitut für Baumwollforschung (*CICR*). Die von sechs Feldern gesammelten Samenkapseln wurden positiv auf *Roundup Ready Flex* getestet und bestätigten das Vorhandensein von *RR-Bt-Baumwolle,* die in Ländern, in denen Roundup als Unkrautbekämpfungstechnologie gefördert wird und in denen *Roundup Ready*-Pflanzen weit verbreitet sind, ein großes Gesundheitsrisiko darstellen – in den USA klagen Tausende von Krebspatienten gegen *Monsanto;* in Europa gibt es eine starke Bewegung für ein Verbot von *Roundup.*

Monsanto hat *RR-Bt-Baumwolle* sowohl in Vidarbha als auch in Andhra Pradesh, einem weiteren führenden Baumwollproduktionsstaat, ohne die erforderliche Genehmigung verbreitet. Obwohl die Regierung von Andhra Pradesh im Oktober 2017 ihre Beamten angewiesen hatte, die illegale Verbreitung von *RR-Bt-Baumwolle* zu überwachen, wurde die Anweisung plötzlich zurückgezogen.[31]

Mahyco-Monsanto hat seinen Antrag auf eine Genehmigung beim *GEAC* für diese Sorte, die seit 2007 in Arbeit ist, zurückgestellt. In seinem Schreiben an die Aufsichtsbehörde erklärte das Unternehmen, dass *Bt-Baumwolle* das Leben der indischen Bauern verändert habe, und griff das indische Gesetz über wichtige Rohstoffe, die Saatgutpreiskontrollverordnung sowie die in Artikel 3(J) des Patentgesetzes enthaltenen Ausnahmen von der Patentierung und der Erhebung von Lizenzgebühren an, die alle darauf abzielen, das Recht der Bauern auf zuverlässiges und erschwingliches Saatgut zu schützen.

Der illegale Anbau von *RR-Bt-Baumwolle* bedarf der gleichen Antwort, die der illegale Anbau von *Bt-Baumwolle* im Jahr 2001 in Gujarat erfahren hatte. Als festgestellt wurde, dass *Navbharat Seeds*, ein in Ahmedabad ansässiges Unternehmen, den illegalen Anbau von *Bt-Baumwolle* durch seine Marke *Navbharat 151* förderte, hatte dies eine beispiellose Reaktion der *GEAC* ausgelöst, die damals die Vernichtung der anstehenden Baumwollernte angeordnet hatte. Die Anordnung wurde von *Navbharat* vor dem *Delhi High Court* angefochten, und die Regulierungsbehörde hatte in ihrer Eingabe an das Gericht erklärt:

> Die Vernichtung der Baumwollproduktion sowie der Samen, die von dieser Pflanze geerntet wurden, ist [...] notwendig. Bei der erzeugten Baumwolle handelt es sich um gentechnisch veränderte Baumwolle, deren Wirkung, das heißt Allergenität und andere Auswirkungen auf Säugetiere, nicht geprüft ist. Das Vorsorgeprinzip verlangt, dass kein Produkt, dessen Wirkung unbekannt ist, auf den Markt gebracht wird. Diese Baumwolle, die sich äußerlich von anderer Baumwolle nicht unterscheidet, wird sich mit gewöhnlicher Baumwolle vermischen, und es wird unmöglich sein, ihre schädliche Wirkung einzudämmen. Die einzige Abhilfe besteht darin, die Baumwolle sowie das auf diese Weise erzeugte und geerntete Saatgut zu vernichten. Da die Bauern dadurch Verluste erleiden werden, muss der weitere Prozess zur Bestimmung der Entschädigungszahlungen an die Bauern, die dieses Produkt unwissentlich verwendet haben, bestimmt und durchgeführt werden. Ich möchte respektvoll darauf hinweisen, dass jeder Tag der

Verzögerung in dieser Angelegenheit eine Gefahr für die Umwelt darstellt. (Auszug aus der *GEAC*-Verordnung)

Roundup und die Ausbreitung von Krebs

Es gibt weltweit Beweise dafür, dass *Roundup* zur Verbreitung von Krankheiten, insbesondere Krebs, geführt hat. Sowohl in Europa als auch in den USA werden zunehmend Forderungen nach einem Verbot dieses Krebserregers laut.[32] Tatsächlich wurde festgestellt, dass 45 Prozent des Bodens in Europa mit *Roundup* verunreinigt sind.[33]

Trotz der Tatsache, dass Untersuchungen von UN-Organisationen und unabhängigen Wissenschaftlern ergeben haben, dass bestimmte Chemikalien krebserregend sind, fördert die Industrie weiterhin Chemikalien in der Landwirtschaft. *Monsanto* startete einen massiven Angriff auf die *WHO*, die *Roundup* zu einem möglichen Karzinogen erklärt hat. Ebenso wurden andere Wissenschaftler angegriffen, deren Forschung gezeigt hatte, dass *Roundup* und *Roundup Ready* GVO zu Krebs beitragen.

Nach Angaben der medizinischen Fachzeitschrift *The Lancet* hat sich gezeigt, dass die Einwirkung von Glyphosat bei Ratten Tumore der Brustdrüsen verursacht. Auch die *International Agency for Research on Cancer* hat die Glyphosat-Exposition mit Krebs in Verbindung gebracht. *Roundup* ist um ein Vielfaches toxischer als reines Glyphosat.[34]

In den USA haben Tausende von Patienten mit Non-Hodgkin-Lymphom, einer Art von Blutkrebs, *Monsanto* wegen Körperverletzung und vorzeitigem Tod aufgrund der Belastung durch das Unkrautvernichtungsmittel verklagt. Mehr als hundert dieser Klagen wurden in einem distriktübergreifenden Rechtsstreit vor einem Bundesgericht in San Francisco, Kalifornien, zusammengefasst, mit ähnlichen anhängenden Klagen vor staatlichen Gerichten in Missouri, Delaware, Arizona und anderswo.

Die *Monsanto Papers*, eine Sammlung von Dokumenten, zu denen interne E-Mails, Textnachrichten, Firmenberichte, Studien und andere Memoranden gehören, die während der Voruntersuchung veröffentlicht wurden, haben enthüllt,

- dass das Unternehmen wusste, dass *Roundup* krebserregend ist;
- wie Monsanto Wissenschaftler angriff, die Forschungsergebnisse vorlegten, die Verbindungen zwischen *Roundup* und Krebs bestätigten
- und wie Wissenschaftler und Journalisten bestochen wurden.

Die Dokumente, die über *Discovery* bekanntwurden (ein Zivilverfahren in den USA, das es den Parteien erlaubt, Beweise voneinander zu erhalten), enthüllten, dass *Monsanto* ein internes Programm, namens *Let Nothing Go* betreibt, das neben Wissenschaftlern und Journalisten auch eine Armee von Internet-Trollen beschäftigt. Es wurde enthüllt, wie der Konzern eine Verleumdungskampagne gegen Gilles-Éric Séralini geführt hat, den französischen Wissenschaftler, der eine bahnbrechende Studie veröffentlichte, die eine Zunahme von Tumoren bei Ratten zeigte, die mit gentechnisch verändertem Mais gefüttert wurden, der mit *Monsanto*s Unkrautvernichtungsmittel behandelt worden war. Außerdem wurde der Entwurf eines Artikels gefunden, den *Monsanto* 2015 für den *Forbes*-»Journalisten« Henry Miller verfasst hatte und der mit dem Bericht identisch ist, der unter Millers Namen im amerikanischen Wirtschaftsmagazin erschien. *Forbes* wurde gezwungen, die Story zurückzuziehen und Miller zu kündigen.[35]

Brent Wisner, ein Anwalt bei *Baum Hedlund Aristei Goldman*, der Firma, die die Krebsopfer vertritt, sagte über die *Monsanto Papers*:

> Dies ist ein Blick hinter die Kulissen. Er zeigt, dass *Monsanto* bewusst Studien, die es selbst schlecht aussehen ließen, gestoppt, eigene Literatur unter fremder Autorschaft veröffentlicht und eine ganze Reihe weiterer unternehmerischer Gesetzesübertretungen angestoßen hat. Sie (*Monsanto*) haben allen erzählt, dass diese Produkte sicher seien, weil die Regulierungsbehörden sie für sicher erklärt hätten, aber es stellt sich heraus, dass *Monsanto* mit den US-Regulierungsbehörden ins Bett gegangen ist, während es die europäischen Regulierungsbehörden in die Irre geführt hat.

*Monsanto*s Einfluss auf Wissenschaftler und Regulierungsbehörden ist zu einem globalen Problem geworden.[36] Unabhängige Wissenschaftler und Journalisten wurden systematisch angegriffen, um die falsche Propaganda aufrechtzuerhalten, dass GVO das Wundermittel zur Ernährung der Welt wären und dass GVO als Erfindungen Patente und Monopole rechtfertigen. Dies hat dazu geführt, dass die *Monsanto*-Medien und die Öffentlichkeitsarbeit von *Monsanto* als »Wissenschaft« hingestellt und Regierungen von Konzernen korrumpiert werden, die GVO trotz gegenteiliger wissenschaftlicher Beweise weiter vorantreiben. In der Tat sehen sich Regierungen, die Gesetze zum Schutz ihrer Bürger erlassen und durchsetzen – in Übereinstimmung mit den internationalen Verpflichtungen zum Ausschluss von Patenten auf Saatgut und Leben, zum Schutz der biologischen Vielfalt und zur Verhinderung von Biopiraterie – starken Angriffen von Unternehmen wie *Monsanto* ausgesetzt. Während es bei Freihandelsabkommen angeblich um Wettbewerb geht, ist Monopol das einzige Resultat.

Klimawandel, Big Data und digitale Landwirtschaft: die Zukunft der Landwirtschaft laut dem 1%

In der Landwirtschaft finden drei Arten von Zusammenschlüssen statt:

- Die erste ist die Fusion von Unternehmen wie *Monsanto* und *Bayer*;
- die zweite ist die Übernahme von Megakonzernen durch Milliardäre über ihre Investmentfonds;
- die dritte ist die Verschmelzung von Biotechnologie und Informationstechnologie.

Im Jahr 2013 erwarb *Monsanto* für eine Milliarde Dollar eines der weltweit größten Unternehmen für Klimadaten, *Climate Corporation*, und im Jahr 2014 das weltweit größte Unternehmen für Bodendaten, *Solum, Inc.*[37] Beide Unternehmen verbinden *Monsanto*s patentiertes GVO-Saatgut mit firmeneigenen Plattformen, die ebenfalls eine Quelle für Lizenzgebühren und Superprofite darstellen.

Die *Climate Corporation* verstellt den Bauern tiefere Einblicke in die Rolle der industriellen Landwirtschaft und wie sehr sie zur Klimainstabilität beiträgt. Die *Climate Corporation* sagt nichts darüber, dass die Lösung für den Klimawandel unter unseren Füßen, im Boden, liegt und dass die Wiederverwertung organischer Stoffe auf dem Bauernhof das wirksamste Mittel gegen den Klimawandel ist. Nein. Die *Climate Corporation* verkauft »Daten«. Auf ihrer Website heißt es:

> Die firmeneigene *Climate Technology Platform*™ kombiniert überregionale Wetterbeobachtung, agronomische Modellrechnungen und hochauflösende Wettersimulationen zu einer Reihe von Instrumenten, die Landwirten helfen, Risiken durch Produkte und Dienstleistungen der Präzisionslandwirtschaft zu minimieren. Die mobilen *SaaS*-Lösungen *Climate Basic*™ und *Climate Pro*™ des Unternehmens helfen Landwirten, ihre Rentabilität zu verbessern, indem ihre Entscheidungen auf besseren Informationen beruhen.[38]

Solum, Inc. arbeitet nicht mit Landwirten zusammen, um das reichhaltige Nahrungsnetz des Bodens zu verstehen – Bakterien, Pilze, Regenwürmer und so weiter. »Die Übernahme von Anteilen durch die *Monsanto Company*, die Muttergesellschaft der *Climate Corporation*, umfasst die Marke *Solum*, geistiges Eigentum an Bodenuntersuchungen, das Bodenuntersuchungslabor in Ames, Iowa, und die *No-Wait Nitrate*™-Plattform von *Solum*.« Es ist nach wie vor die Walze von Chemie und geistigem Eigentum, die den Boden zerstört und unsere Bauern umbringt. Die *Climate Corporation* weiß, dass Bauern täglich Hunderte von Entscheidungen treffen, freiwillige autonome Entscheidungen eines Bauern, der selber denkt und seinen eigenen Verstand benutzt.

Monsanto hat auch mit den drei größten Landmaschinenherstellern der Welt – *Deere & Co, CNH Industrial* und *AGCO* – kooperiert und arbeitet mit *Deere* zusammen, um »Spyware« (Überwachungsprogramme) in Landmaschinen einzubauen, um auf Farmen Daten zu sammeln. Sie kauft IT-Firmen nicht nur, um die Landwirte stärker von sich, sondern auch zunehmend von der Überwachung abhängig zu machen. Für *Monsanto* sind Daten nicht nur eine weitere Ware, sie sind »Intelligenz«.

Wie John Hamer, der Geschäftsführer von *Monsanto Growth Ventures* (dem Risikokapitalarm von *Monsanto*, der zwölf Unternehmen im Silicon Valley besitzt), offen sagt: »Wenn man darüber nachdenkt, gibt es auf der Erde zwei, die viel über Fernerkundungs-Technologie wissen müssen – *Monsanto* und die *CIA*.«[39] Hamer bezog sich auf den Einsatz von Technologie, etwa Satelliten und Drohnen, zur Überwachung von Farmen, welche einen konstanten Strom von Bildern davon liefern, was auf einer bestimmten Farm geschieht. *Monsantos* *Integral Farming Systems Platform* entstand aus der Kombination von digitaler Landwirtschaft, Datenwissenschaft und Gentechnik, wodurch übergeordnete Verknüpfungen von Ableitungen und Steuerungsinstrumenten geschaffen wurden, die nicht die Grundlage für Ernährungssicherheit sein können.

David Friedberg, der die *Climate Corporation* gründete, die er dann an *Monsanto* verkaufte, hat keine Ahnung, dass ökologische Landwirte durch ihr reiches Erfahrungswissen die wichtigste und realistischste Antwort auf den Klimawandel zu bieten haben; dass ihr reales Wissen reale Lebensmittel und reale Nahrung hervorbringt. Er sieht die Bauern nicht als Produzenten von Lebensmitteln, sondern als Abnehmer von Produkten und jetzt auch von »Klimadaten«, die *Monsanto* verkaufen will.[40]

Worauf sich die *Climate Corporation*, jetzt *Monsanto*, konzentriert, ist die globale Agrarindustrie mit einem Volumen von drei Billionen Dollar. Sie befasst sich auch mit den Märkten, die durch Subventionen in Höhe von 400 Milliarden Dollar für die industrielle Landwirtschaft geschaffen wurden, und mit der Politik der Regierung, die das Wachstum der konzerneigenen Märkte fördert. So gibt die *Corporation* beispielsweise an, dass sie als autorisierter Anbieter des *US Federal Crop Insurance*-Programms fungiert.

Friedberg, der glaubt, den Landwirten auf Grundlage der massiven Daten, die er bei den Bauern gesammelt und mit Hilfe von

Anbauprogrammen zu Big Data verarbeitet hat, sagen zu können, was und wie sie anbauen sollen, hat keine Ahnung vom Reichtum der biologischen Vielfalt in der Welt.

Die Intelligenz der Mikroben im Boden und in unseren Därmen wird gerade erst von der unabhängigen Wissenschaft entdeckt, und schon wird dieses Wissen vom mechanistischen Verstand für die Geldmaschine ausgeschlachtet. Die Nationale Mikrobiom-Initiative (*NMI*) der US-Regierung in Zusammenarbeit mit der *Gates Foundation* »umfasst Techniken, die das gesamte Genom spezifischer Mikroben analysieren, die Bewegungen von Molekülen zwischen oder innerhalb von Zellen verfolgen und bestimmte Arten gezielt hinzufügen, entfernen, bearbeiten, stimulieren oder blockieren können. Das wird es Mikrobiologen ermöglichen, Mikrobengemeinschaften genau zu simulieren, vorherzusagen, wie sie sich im Laufe der Zeit verändern werden, und sie dann entsprechend zu modifizieren.«[41]

Die neuen Raubritter und ihre digitalen Imperien

Bill Gates ist der moderne Kolumbus. Sein Imperium ist die Fortsetzung der Kolonialisierung fünfhundert Jahre nach der ersten. Kolumbus brauchte den Papst, einen König und eine Königin für die Eroberung nichteuropäischer, nichtchristlicher Gesellschaften und schuf so eine zivilisatorische Mission, die dafür sorgen sollte, »dass der katholische Glaube und die christliche Religion gepriesen und überall vermehrt und verbreitet werden, dass für die Gesundheit der Seelen gesorgt wird und dass barbarische Nationen niedergeworfen und zum Glauben gebracht werden«.[42] Heute ist die zivilisatorische Mission, nicht-christlichen Kulturen die christliche Religion aufzuzwingen, der zivilisatorischen Mission gewichen, Kleinbauern und Kleinunternehmen auf der ganzen Welt GVO und eine digitale Diktatur aufzuzwingen. Bill Gates ist der Papst der Religion der Anbetung und des Aufzwingens von Gentechnik und digitalen Werkzeugen. Diejenigen, die in pluralistischen Welten mit einer großen Artenvielfalt und einer vielfältigen Landwirtschaft, mit vielfältigen

Volkswirtschaften, vielfältigen Technologien, vielfältigen Sprachen und unterschiedlichen Intelligenzen leben, sind die neuen »digitalen Barbaren«, die »zivilisiert« und dem Imperium des 1 % einverleibt werden müssen.

Technologie ist der Vorgang, Hilfsmittel zu schaffen, um Materie, Energie und Information zu ordnen und umzuwandeln, um Ziele zu verwirklichen, die auf einer höheren Ebene liegen als die Werkzeuge selbst. Technologien als Werkzeuge entwickeln sich je nach Bedarf, werden als solche bewertet und als Mittel eingesetzt. Sie sind kein Selbstzweck; sie werden ausgewählt, nicht aufgezwungen.

Im Zeitalter der fossilen Brennstoffe im industriellen Kapitalismus und im Zeitalter der »digitalen Daten« werden Daten zum neuen Öl, zum neuen Schmiermittel der Geldmaschine. Technologie ist heute mehr als nur ein Werkzeug. Sie ist ein Instrument der Macht und Kontrolle, das Mittel, um ein falsches Narrativ unserer Beziehung zur natürlichen Welt und zur Gesellschaft zu konstruieren. Diese Erzählung unterschlägt die Kreativität und Produktivität der Natur und den Beitrag der kolonialisierten Frauen, Arbeitssklaven, Arbeiter und Bauern. Abgesehen davon, dass die Bedeutung von Technologie auf gewalttätige industrielle Werkzeuge beschränkt wird, kehrt der technologische Fundamentalismus das Verhältnis von Mittel und Zweck um. Anstatt ein Mittel zum Erreichen höherer ökologischer, ethischer, sozialer und menschlicher Ziele zu sein, wird der Einsatz und die Nutzung industrieller Technologien zu einem Selbstzweck, zu einer neuen Religion. Industrielle Landwirtschaft und Gentechnik wurden zu einer Religion erhoben, anstatt ein Werkzeug sein, das zunächst einer Beurteilung bedarf, um sich dafür oder dagegen zu entscheiden. Sie wird den »Barbaren«, die ökologische Landwirtschaft praktizieren, als zivilisatorische Missionen aufgezwungen. Anstatt zuerst – nach ökologischen und sozialen Kriterien – mit anderen möglichen Werkzeugen zu vergleichen, werden jene, die eine wissenschaftliche Bewertung der Technologie fordern, als »wissenschaftsfeindlich« bezeichnet. Ein solcher Diskurs entspringt religiösem Fundamentalismus, nicht einer rationalen wissenschaftlichen Debatte.

Der mit den Technologien verbundene Reduktionismus spiegelt sich auch in der Reduktion der Menschen wider: 99 Prozent von ihnen verlieren ihre wirtschaftliche Sicherheit; ihre vielfältigen Fähigkeiten, Denkweisen, Potentiale und Intelligenzen werden auf die Verwaltung digitaler Daten reduziert; und Menschen enden als Anhängsel von Maschinen und Technologien.

Die Wirtschaft des 1 % arbeitet gegen die Demokratie. In den letzten zwei Jahrzehnten der Globalisierung haben wir gesehen, dass sich große Bereiche der wirtschaftlichen Entscheidungsfindung der demokratischen Kontrolle der Menschen und der Parlamente entzogen haben. Die Spielregeln werden von den Reichen geschrieben, denen die Konzerne gehören; Spielregeln, die es ihnen ermöglichen, noch größere Teile der Wirtschaft in die Hände dieser Konzerne zu verlegen. Diese mächtigen Konzerne umgehen dann entweder die Regierungen, korrumpieren sie oder kaufen die Demokratie, wie der Fall *Citizens United* in den USA zeigt, wo der Oberste Gerichtshof 2010 entschied, dass die Finanzierung von Wahlen durch Konzerne die »Meinungsfreiheit der Konzerne« ausmachen. In einigen Fällen nutzt das 1 % seinen Reichtum, um Institutionen aufzukaufen, globale Politik zu gestalten und gesellschaftliche Prioritäten zu setzen – ohne jegliche öffentliche Rechenschaftspflicht oder demokratische Kontrolle. Allein die Tatsache, dass das 1 % den Reichtum der 99 Prozent kontrollieren kann, ist ein Zeichen des Zusammenbruchs der wirtschaftlichen Demokratie und Gerechtigkeit.

Wir erzählen die Geschichte der neuen Kolonialisierung durch das 1 % anhand des Lebens von Bill Gates, der im August 2017 89 Milliarden Dollar auf der Bank hatte und seit 2013 der reichste Mann der Welt ist. Im Jahr 2015 war er 81,6 Milliarden Dollar schwer, also fast sechs Milliarden Dollar mehr als die 76 Milliarden Dollar, die er im März 2014 hatte, und die 76 Milliarden Dollar waren neun Milliarden Dollar mehr als er im März 2013 hatte. Er gehört zu den fünf Männern, die so viel Reichtum kontrollieren wie 50 Prozent der Menschheit. Gates weiß, wie man die Geldmaschine macht und betreibt.[43]

Während sich Gates als Philanthrop präsentiert, der sein Geld verschenkt, besitzt er eine persönliche Investmentgesellschaft, *Cascade Investment LLC*, die allein ihm gehört und von Michael Larson, einem der mächtigsten Männer im US-Vermögensmanagement, geleitet wird. Gates verfügt heute über umfangreiche Beteiligungen an Immobilien- und Nicht-Technologieunternehmen, so zum Beispiel an *Canadian National Railway Co.*, *AutoNation Inc.*, einem amerikanischen Autohändler, und *Republic Services Inc.*, einem Abfallentsorgungsunternehmen. Er verdient viel mehr Geld, als er spendet.[44]

Wir erzählen die Geschichte vom großen Reichtum und vom großen Geld in unserer Zeit anhand von Gates und seiner Rolle bei der Zerstörung der Selbstorganisation in Natur und Gesellschaft. Stattdessen will er Monopole schaffen: durch Beherrschung, Eroberung, Invasion und Diktatur mit Hilfe jener Instrumente, die er besitzt und zum Eintreiben von Abgaben nutzt. Er nennt das in seiner Doppelzüngigkeit »Innovation«.

Obwohl er bei der neuen zivilisatorischen Mission, Technologie als Religion zu etablieren, eine zentrale Rolle gespielt hat, hat Gates selbst nichts erfunden. *Microsoft Basic* basiert auf *BASIC* (ein Akronym für *Beginner's All-purpose Symbolic Instruction Code*), das 1964 von John G. Kemeny und Thomas E. Kurtz am *Dartmouth College* (New Hampshire, USA) entwickelt wurde, um Nicht-Wissenschaftlern und Nicht-Mathematikern die Computernutzung zu erleichtern. Vor der Einführung von *BASIC* erforderten Computer das Schreiben maßgeschneiderter Software, wozu nur Wissenschaftler und Mathematiker in der Lage waren. *Microsoft BASIC* (*MBASIC*) wurde zu einer der führenden Anwendungen der Welt, aber selbst die Betriebssysteme wurden von anderen entwickelt.[45] Gates verdiente seine Milliarden durch Monopole auf Patente und das Einhegen freier Software. Die Open-Source-Bewegung war eine Antwort auf das Patentmonopol; die Bewegung für freie Software ist für patentierte Software das, was unsere Saatgut-Freiheitsbewegung für Saatgut ist.

Gates nutzt nun seine wirtschaftliche Macht, um sein Patent-Imperium auf die belebte Welt auszudehnen. Er will das biologische

Gemeingut und jenes an Wissen durch Patentierung und Biopiraterie einhegen. Er versucht, das Saatgut zu kontrollieren, indem er die Genbanken kontrolliert, in denen die biologische Vielfalt der Welt gespeichert ist; er versucht, sich klimaresistente Nutzpflanzen anzueignen und zu patentieren, die von Landwirten entwickelt wurden; er versucht, digitale Instrumente zu nutzen, um genomische Patente auf die biologische Vielfalt und die Landwirtschaft zu bekommen; er versucht, unsere freien Lebensmittel durch die Einführung von GVO-Lebensmitteln einzuhegen. Gates setzt sich nicht nur für gescheiterte GVO ein, sondern auch für neue GVO, von denen bekannt ist, dass sie nicht funktionieren. Insbesondere wirbt er über die *Cornell Alliance for Science* für die gescheiterten GVO-Sorten *Bt brinjal* und *Golden Rice*.

Während sich das Monopol von *Microsoft* mit dem Vorteil des steuerfreien Software-Handels weltweit verbreitete, will Gates nun mit *DivSeek*, *CRISPR* und den genmanipulierten Moskitos in Florida unsere Nahrung, unsere Vielfalt und unser Erbe kontrollieren. (Für Einzelheiten zu den Techniken der Gen-Editierung und Genkartierung siehe S. **xx** und S. **xx.**) Und zu allem Überfluss finanziert er ein höchst unwissenschaftliches und unverantwortliches Experiment: Geo-Engineering.

Die Vision von der *einen* Landwirtschaft, der *einen* Wissenschaft, der *einen* Monokultur, des *einen* Monopols

Bill Gates, der die *One Agriculture* vorantreibt, hat sich mit dem mexikanischen Telekommunikationsmagnaten Carlos Slim zusammengetan, um Smartphones dafür einzusetzen, den Bauern zu verdummen. Dieser wartet dann auf die Anweisungen der Maschine und verliert seine Fähigkeit, selbst etwas über seine Landwirtschaft, seinen Boden und sein Saatgut zu wissen.[46]

In ähnlicher Weise hat Mark Zuckerberg von *Facebook* versucht, den Bauern in Indien Big Data zu verkaufen, und zwar über *Free Basics* (im wesentlichen das neu verpackte *internet.org*), das den Nutzern in Zusammenarbeit mit Telekommunikationsbetreibern einen kostenlosen Basis-Internetzugang bieten soll. Es handelt sich um ein System, durch das *Facebook* entscheidet, welche Informationen die Nutzer zu Gesicht bekommen.

Zuckerberg brachte *Free Basics* in Partnerschaft mit *Reliance Industries* nach Indien. Das ist ein indischer Megakonzern mit Anteilen in den Bereichen Telekommunikation, Energie, Lebensmittel, Einzelhandel, Infrastruktur und Land. *Reliance* hat von der indischen Regierung Land für die Errichtung ländlicher Mobilfunkmasten erworben und Bauern Land für die Schaffung von Sonderwirtschaftszonen (*SEZs*) weggenommen. Folglich – und ohne zusätzliche Kosten – verfügt das Unternehmen über eine riesige ländliche, halb- und vorstädtische Nutzerbasis, die vor allem aus Bauern besteht. Trotz der Tatsache, dass Zuckerberg einen satten Betrag von einer Milliarde Rupien für die Werbung für diesen Dienst bereitgestellt hat, hat die indische Regulierungsbehörde für Telekommunikation (*TRAI*) *Free Basics* vorerst abgestellt. *Reliance* bietet den Dienst jedoch weiterhin über sein Netzwerk an.

Was *Monsanto* durch Gesetze zum geistigen Eigentum (*IP*) und Patente auf Saatgut getan hat, versucht Zuckerberg mit der Internetfreiheit in Indien. Und wie *Monsanto* hat er es auf die am stärksten an den Rand gedrängten Inder abgesehen. *Free Basics* setzt der Internetnutzung Grenzen. Von Anfang an hatte er das Streaming von Videoinhalten mit der Begründung verboten, dass es die Dienste der Telekommunikationsunternehmen beeinträchtigen würde; und dies trotz der Empfehlung von *TRAI*, Videoinhalte für verschiedene Bevölkerungsgruppen besser zugänglich zu machen.

Wenn der Dienst wieder loslegen darf: Was soll dann die Telekommunikationsunternehmen davon abhalten, das Internet nach ihren eigenen Interessen und denen ihrer Unternehmenspartner neu zu definieren? Immerhin hat das Verbot von *Free Basics* das Unternehmen *Reliance* nicht davon abgehalten, den Dienst weiterhin für seine riesige Nutzerbasis, hauptsächlich Bauern, anzubieten.

Warum sollte Zuckerberg entscheiden, worauf ein Farmer im Punjab im Internet zugreifen darf? Sollte das Internet es einem Landwirt nicht ermöglichen, zu verstehen, wie die GVO-Technologie überall auf der Welt versagt hat und nur durch unfaire Markt- und Handelspolitik aufrechterhalten wurde? Oder soll das Internet ihm das nächste patentierte Molekül vorschlagen, das er auf seine Kulturpflanzen sprühen soll?

Die Verbindung zwischen *Monsanto* und *Facebook* geht tief. Nahezu alle Top-Zwölf-Investoren des Saatgutkonzerns gehören zu den Top-Investoren von *Facebook*. Dazu gehört die *Vanguard*-Gruppe, ein Hauptinvestor von *Deere & Co.*, *Monsanto*s Partner für »intelligente Traktoren«. Es ist also keine Überraschung, dass eine Veranstaltungsseite des *March Against Monsanto (MAM)* von *Facebook* entfernt wurde. *MAM* ist eine große amerikanischen Basisbewegung, die die Kennzeichnung und Regulierung von GVO fordert. Die Seite warb für eine Kundgebung in *Monsanto*s Hauptsitz in St. Louis im August 2013.

Das Recht auf Nahrung ist das Recht zu wählen, was wir essen wollen, zu wissen, was in unserer Nahrung enthalten ist, und uns für nahrhafte, schmackhafte Lebensmittel zu entscheiden – und nicht für die wenigen verpackten Waren, die wir nach dem Willen der Konzerne konsumieren sollen. Das Recht auf Internet ist das Recht zu wählen, auf welche Medien und Informationen wir zugreifen wollen; die ökologischen, politischen, wirtschaftlichen, sozialen und intellektuellen Räume zu wählen, die uns bereichern – und nicht das, was nach Ansicht der Konzerne unsere »Basics« sein sollten. Unser Recht zu wissen, was wir essen, ist ebenso wichtig, wie unser Recht auf Information – auf *alle* Informationen.

In ultimativem Orwellschen Neusprech sagt Zuckerberg »frei«, wenn er »privatisiert« meint, und das wiederum ist weit entfernt von Privatsphäre, an die der Tech-Unternehmer nicht glaubt. Und wie die von Konzernen geschaffenen »Frei«handelsabkommen« ist *Free Basics* für die Bürger alles andere als frei. Echtes Wissen kommt aus Erfahrung, Verbundenheit und Teilnahme. Big Data ist kein Wissen.

Big Data von dem *einen* Konzern – so heißt es im *Knowledge Manifesto of the International Commission on the Future of Food* – trägt zur »Informations-Fettleibigkeit« bei. Es ist ein Mittel zur Kontrolle.

Ebenso sind 42 afrikanische Universitäten, die mit unterschiedlichen Kulturen und in unterschiedlichen Ökosystemen arbeiten – Wüsten und Regenwälder, Berge und Küsten –, die die Programme von *One Agriculture, One Science* übernommen haben, ein Rezept für die intellektuelle und wirtschaftliche Verarmung und Versklavung Afrikas.

Es gibt drei Hauptgründe, warum die Initiative *One Agriculture, One Science* (http://www.oneagonescience.org) die Probleme der Landwirtschaft verschlimmern wird, anstatt sie zu lösen. Schon der Name *One Agriculture, One Science* ist in sich eine Fehlgeburt. Es ist absurd, wenn »Experten« glauben, dass unterschiedlichen Klimazonen, unterschiedlichen Ökosystemen und unterschiedlichen Kulturen die *eine* Lösung vorgeschrieben werden kann. Entweder sind sie sich dessen nicht bewusst, dass die Regenfälle in Cherrapunji im Nordosten Indiens nicht die gleichen sind wie in Oaxaca, Mexiko, oder dass es in Maharashtra heißer ist als in Oregon, oder es ist ihnen einfach egal, ob die Ernte eines Bauern ausfällt oder ob sie gut ist, solange unseren landwirtschaftlichen Erzeugern noch der letzte Dollar, die letzte Rupie oder der letzte Rand weggenommen wird.

Der One Agriculture-Push der großen Agrarkonzerne ignoriert die Ergebnisse aller UN-Organisationen, einschließlich des *International Assessment of Agriculture, Knowledge, Science and Technology for Development* (*IAASTD*), einem globalen Projekt, bei dem ein Team von 400 Wissenschaftlern daran arbeitet, die Rolle der Agrarwissenschaft und -technologie bei der Verringerung von Hunger und Armut und der Förderung einer sozial und wirtschaftlich nachhaltigen Entwicklung zu bewerten. In ihrem Bericht heißt es: »Wir müssen auf die traditionelle Kleinbauern-Landwirtschaft setzen, um die Ernährungssicherheit in Ländern der Dritten Welt durch nachhaltige agroökologische Systeme zu gewährleisten. Die Regierungen müssen in diese Systeme investieren. Das ist der klare Beweis.«

Überall auf der Welt ist ein kollektiver Übergriff der Konzerne im Gange. Zu den Veteranen des korporativen Amerikas, wie Gates, gesellt sich die nächste Generation von philanthropischen Konzern-Imperialisten wie Zuckerberg. Die Ähnlichkeiten zwischen Gates und Zuckerbergs perfekt einstudierten PR-Ankündigungen, ihr Vermögen zu »verschenken«, sind unheimlich. Welche Form auch immer die Zuckerbergs bilden, um die 45 Milliarden Dollar zu verwalten, die sie für »den Zweck des menschlichen Fortschritts« zugesagt haben, wird am Ende höchstwahrscheinlich der *Bill & Melinda Gates Foundation* ähneln, die so mächtig ist, einerseits die Klimaverhandlungen während des *One Planet Summit* 2017 zu beeinflussen, aber andererseits für nichts verantwortlich sein will.

Was könnten Gates und Zuckerberg davon haben, den Regierungen während des Klimagipfels in Paris zum Gedenken an die zwei Jahre des Pariser Klimaabkommens Bedingungen zu diktieren? »Die *Breakthrough Energy Coalition* wird in Ideen investieren, die das Potential haben, die Art und Weise, wie wir Energie produzieren und verbrauchen, zu verändern«, schrieb Zuckerberg auf seiner Facebook-Seite und kündigte damit die *Breakthrough Energy Coalition* von Gates an, die das gesammelte Vermögen Hunderter von Milliarden Dollar von 28 privaten Investoren bündelt, die Einfluss darauf nehmen werden, wie die Welt Energie produziert und verbraucht.

Gleichzeitig steht Gates derzeit hinter einer Bewegung zur Forcierung einer von Chemikalien und fossilen Brennstoffen abhängigen Landwirtschaft und patentierten GVO durch die *Alliance for a Green Revolution in Africa* (*AGRA*). Diese ist aus einer Partnerschaft zwischen der *Rockefeller Foundation* und der *Gates Foundation* hervorgegangen. Es ist ein Versuch, afrikanische Bauern in die Falle der Abhängigkeit von fossilen Brennstoffen zu locken, die im Boden bleiben sollten, sowie in eine Abhängigkeit von Saatgut und Petrochemikalien von *Monsanto*. 2017 wurde der Welternährungspreis Dr. Akinwumi Adesina, Landwirtschaftsminister in Nigeria, verliehen: für seine entscheidende Rolle bei der Gründung von *AGRA*. Die Zeremonie fand am 27. Juni 2017 im U.S. Landwirtschaftsministerium statt. So wie Indien die »Grüne Revolution« von der US-Regierung und der *Rockefeller Foundation* aufgedrängt wurde, wird Afrika die »Grüne Revolution« von Gates, der *Rockefeller Foundation* und der US-Regierung aufgedrängt. Für das 1 % sind die Regierungen nur ihr verlängerter Arm, ihre Verkäufer.

In den fünf Jahrzehnten seit der »Grünen Revolution« in Indien hat uns die ökologische Wissenschaft den Wert der Vielfalt für die Sicherung von Nachhaltigkeit, für die Steigerung der Nahrungsmittelproduktion und die Widerstandsfähigkeit gelehrt. Indische Bauern haben 200.000 Reissorten entwickelt; sie haben Tausende von Weizen-, Hülsenfrucht- und Ölsaatensorten entwickelt; sie haben Tausende von Auberginen-, Bananen- und Mangosorten hervorgebracht. Eine Landwirtschaft, die auf einer fehlgesteuerten Wissenschaft beruht, hat jedoch keinen Platz für dieses vielfältige Wissen. Sie wird von »Experten« vorangetrieben, die weder ein Verständnis für Vielfalt noch Respekt für das Wissen der Bauern haben – doch ist dies die eigentliche Grundlage der Wissenschaft der Agrarökologie.

Die Manipulation der Daten von Produktivität und Ertrag, um dem falschen Narrativ von der »Ernährung der Welt mit Hilfe von Chemikalien und GVO« gerecht zu werden, vergewaltigt den Planeten. 75 Prozent der Wassersysteme wurden zerstört, 75 Prozent der Böden verschlechtert und degradiert, 93 Prozent der Pflanzenvielfalt ging verloren, die Artenvielfalt der Bestäuber ist bedroht und ihr Anteil an der Klimazerrüttung beträgt 40 Prozent. Dieses industrielle System liefert nur 30 Prozent der Nahrungsmittel, die wir essen. Wenn der Anteil der industriellen Landwirtschaft an unserem Ernährungssystem steigen würde, hätten wir bald einen toten Planeten. Und nichts mehr zu essen.

Sie sagen, dass wir nichts wissen,
Dass wir rückständig sind,
Dass unser Kopf verändert werden muss, um einen besseren Kopf zu bekommen.

Sie sagen, dass einige gelehrte Männer dies über uns sagen,
Diese Akademiker, die sich selbst reproduzieren,
In unserem Leben.
Was gibt es an den Ufern dieser Flüsse, Herr Doktor?
Nehmen Sie Ihr Binokular heraus
Und Ihre Brille.
Schauen Sie, wenn Sie können,
Fünfhundert Blüten
Von fünfhundert verschiedenen Kartoffelsorten
Wachsen auf den Terrassen
Über Abgründen
die Ihre Augen nicht erreichen.
Diese fünfhundert Blüten
Sind mein Gehirn,
Mein Fleisch.

Jose Maria Arguedas,
Quechua-Dichter aus den Anden

Golden Rice: Blindes Vorgehen, um Blindheit zu verhindern, ist keine Wissenschaft

Golden Rice ist gentechnisch veränderter Reis mit zwei Genen von der Narzisse und einem Gen aus einem Bakterium, was zu seiner gelben Farbe führt, die den Gehalt an Beta-Carotin, einer Vorstufe von Vitamin A, erhöhen soll. Er wird als Wundermittel gegen Vitamin-A-Mangel (VAD) angepriesen.

Doch selbst wenn *Golden Rice* erfolgreich sein sollte, wird er bei der Versorgung mit Vitamin A um 400 Prozent weniger effizient sein als die Alternativen, die die Biodiversität bereitstellt und die es bereits gibt. Um Ihren täglichen Bedarf an Vitamin A zu decken, brauchen Sie nur eines der folgenden Nahrungsmittel zu essen:

- zwei Esslöffel Spinat oder Cholai (Amaranth) oder Rettichblätter,
- vier Esslöffel Senf- oder Bathua-Blätter,

- einen Esslöffel Koriander-Chutney,
- eineineinhalb Esslöffel Minz-Chutney,
- eine Karotte,
- eine Mango.

Diese Alternativen liefern nicht nur mehr Vitamin A, als *Golden Rice* jemals liefern wird, und das zu geringeren Kosten, sie liefern auch noch viele andere Nährstoffe.

Um das Trugbild des Goldenen Reises und damit die gescheiterten GVO-Technologien aufrechtzuerhalten, hat man 2016 107 Nobelpreisträger aufgeboten (einschließlich der Geister Verstorbener – Alfred G. Gilman war bereits am 23. Dezember 2015 gestorben), um sich die Behauptungen bestätigen zu lassen. Es war ein plumper und unausgegorener PR-Gag und hatte nichts mit »Wissenschaft« zu tun.

Der Nobel-Brief, der am 29. Juni 2016 veröffentlicht wurde, versucht, für *Golden Rice* zu werben, indem er »Greenpeace und seine Unterstützer [auffordert], die Erfahrungen von Landwirten und Verbrauchern weltweit mit Nutzpflanzen und Lebensmitteln, die durch Biotechnologie verbessert wurden, erneut zu überprüfen, die Erkenntnisse maßgeblicher wissenschaftlicher Gremien und Regulierungsbehörden anzuerkennen und ihre Kampagne gegen GVO im allgemeinen und *Golden Rice* im besonderen einzustellen«.

Der Brief fiel mit der Abstimmung über den *DARK-Act* im US-Senat zusammen. Kritiker nannten es das »Gesetz, das den Amerikanern das Recht zu wissen verweigert«. Das Gesetz verhindert, dass in den Vereinigten Staaten GVO gekennzeichnet werden. Es wurde vom republikanischen Kongressabgeordneten Mike Pompeo durch den Kongress gebracht, der in der Trump-Administration ursprünglich *CIA*-Direktor und dann Außenminister war.

Was könnte unwissenschaftlicher und betrügerischer sein, als die Unterschriften von toten Wissenschaftlern zu verwenden? Dies ist Betrug Nummer 1.

Der Versuch, Fachwissen durch den guten Namen von Nobelpreisträgern zu ersetzen, ist Betrug Nr. 2. Philip Stark, *Associate Dean, Division of Mathematical and Physical Sciences* und Professor für

Statistik an der Universität von Kalifornien, Berkeley, stellte auf Twitter seine eigene Analyse der Expertise der Unterzeichner vor: »ein Friedenspreis, acht Wirtschaftswissenschaftler, 24 Physiker, 33 Chemiker, 41 Ärzte«. Er fügte hinzu, dass es in der Wissenschaft »um Beweise, nicht um Autorität« gehe. »Was wissen sie über Landwirtschaft? Haben sie relevante Forschungen betrieben? Wissenschaft soll beweisen, nicht sagen: ›Glaub mir‹ [...] Nobelpreis hin oder her.«

Betrug Nummer 3 ist, dass es die PR-Männer von *Monsanto* und Co waren, darunter Jay Byrne, die die Mobilisierung der Nobelpreisträger tatsächlich orchestriert haben. Byrne ist der ehemalige Leiter der Unternehmenskommunikation bei *Monsanto*. Der Versuch, einen PR-Gag als wissenschaftliche Debatte und Diskurs auszugeben, ist Betrug.

Bei Betrug Nummer 4 werden Vernunft und Beweise durch eine Scheinargumentations-Kette ersetzt, die in der realen Wissenschaft keinen Platz hat.

Betrug Nummer 5 stellt ein gescheitertes wissenschaftliches Experiment als Wunder dar und macht Greenpeace für das Scheitern der GVO-Technologie verantwortlich. Glenn Stone, Reiswissenschaftler an der Washington University in St. Louis, Missouri, erklärte: »Fakt ist, dass der Goldene Reis nach 24 Jahren Forschung und Züchtung noch Jahre davon entfernt ist, für die Freisetzung bereit zu sein.«[47]

Laut Stone »war der Reis in den Testparzellen der Reiszuchtinstitute auf den Philippinen, wo die führende Forschung betrieben wird, einfach nicht erfolgreich. Er wurde noch nicht einmal der Aufsichtsbehörde, dem *Philippine Bureau of Plant Industry* (*BPI*), zur Genehmigung vorgelegt. Im Jahr 2015 hatte der Oberste Gerichtshof der Philippinen eine vorübergehende Aussetzung der Versuche mit GVO-Kulturpflanzen am Internationalen Reisforschungsinstitut (*IRRI*) erlassen.

Dr. Allison Wilson weist in ihrem Beitrag »Goodbye to Golden Rice? GM-Eigenschaft führt zu drastischen Ertragsverlusten und ›metabolischer Kernschmelze‹«, darauf hin:

> *Golden Rice* wurde jedoch nie kommerziell genutzt, und sein Scheitern auf dem Markt wurde der »Überregulierung« und der »Anti-GVO-Opposition« angelastet. Jüngste Forschungen indischer Wissenschaftler zeigen, dass die Einführung von Transgenen in *Golden Rice*-Transgenen unerwartete nachteilige Auswirkungen hatte. Die ertragreiche und ihr agronomisch überlegene indische Reissorte wurde gelb und verkümmerte, und die Erträge waren so gering, dass sie für den Anbau ungeeignet war (Bollinedi, et al. 2017). Diese Forschung hat offensichtliche Auswirkungen auf *Golden Rice*, insbesondere durch die Vermutung, dass der ernährungsphysiologisch nützliche genveränderte *Golden Rice* ein Mythos sein könnte.[48]

Alle Pflanzen enthalten von Natur aus unterschiedlichste Nährstoffe. Die industrielle Landwirtschaft produziert nährstoffleere Waren, nicht nur, weil dem Boden Substanzen entzogen werden und die vielfältigen Nährstoffe nicht durch organische Substanz wieder aufgefüllt werden können, sondern auch, weil Monokulturen die Vielfalt der Nährstoffe verringern, welche die biologische Vielfalt bereitstellt. »Biofortifikation« ist Gentechnik, durch die der Nährwert von Nutzpflanzen »erhöht« wird, wie zum Beispiel der *Golden Rice*, der mit Vitamin A »angereichert« wird, oder die Banane, die mit Eisen »angereichert« wird.

Gates verteidigt den gescheiterten *Golden Rice*, den abgelehnten GVO-Kohl und die nutzlose GVO-Banane. Er finanzierte einem Wissenschaftler in Australien die gentechnische Anreicherung von Bananen mit Eisen: im Namen der Rettung von Frauen, die bei der Geburt an Eisenmangel starben. Frauen in Indien starteten eine Kampagne, um »Nein zur GVO-Banane« zu sagen. Es zeigte sich, dass sie als Eisenquelle 7000 Prozent weniger wirksam wäre als die Bananen, die wir bereits haben. Das GVO-Bananenprojekt zur Eisenanreicherung in Indien versandete und wurde schließlich in Uganda als Vitamin-A-Mangel-Projekt wiederbelebt.

Es ist nun über 20 Jahre her, dass das Wunder des sogenannten Goldenen Reises als Heilmittel gegen Vitamin-A-Mangel propagiert wurde.[49] Das letzte Mal, dass der Mythos des Goldenen Reises wiederbelebt wurde, war, als Patrick Moore von *Golden Rice Now!* nach Asien geschickt wurde, um für das gescheiterte Versprechen zu werben. Frauen auf der ganzen Welt, die als *Diverse Women for Diversity* organisiert waren, gaben am Internationalen Frauentag 2015 eine Erklärung ab, in der es hieß: »Frauen und biologische Vielfalt ernähren die Welt, nicht Unternehmen und GVO.«[50]

Bill Gates rief eigens die *Cornell Alliance for Science* ins Leben, um die gescheiterte Biotechnologie zu fördern, indem er die wissenschaftlichen Beweise für das Scheitern von GVO vor Ort überspielte und durch Propagandafloskeln ersetzte und örtliche Bauern, Journalisten und Wissenschaftler als »wissenschaftsfeindlich« bezeichnete.

Um zu verhindern, dass reale Wissenschaft und das Versagen von GVO die Welt erreicht, finanziert er ein PR-Institut, das sich als wissenschaftliche Einrichtung tarnt. Ursprünglich im August 2014 von der *Gates Foundation* mit 5,6 Millionen Dollar dotiert, erhielt die *Cornell Alliance for Science* im Jahr 2017 einen weiteren Betrag von 6,4 Millionen Dollar. Mit der neuen Zuwendung erhöht sich der Gesamtbeitrag von Gates auf zwölf Millionen Dollar.[51]

Cornell spannte Mark Lynas ein, einen ehemals lautstarken Gegner von GVO, der in verschiedene Länder flog, um die GVO-Geschichte umzudeuten. Der Journalist und Autor Lynas ist neu bei der *Cornell Alliance for Science* und wird in die »unterentwickelten« Teile der Welt geschickt, um die Menschen zum Schweigen zu bringen und die Propaganda der Biotech-Industrie zu verbreiten. Als *Bt brinjal* in Bangladesch scheiterte, wurde er geschickt, um die lokalen Nachrichten über dessen Scheitern durch eine in der *New York Times* lancierte Geschichte zu übertönen. Als Bauern die GVO-Versuche mit dem Goldenen Reis auf den Philippinen störten, wurde er geschickt, um ihre Ansichten zu GVO zum Verstummen zu bringen.

Gates und sein expandierendes Patent-Imperium

Biopiraterie von klimaresistenten Bauernsorten

Indem er von »Innovation« spricht, hat sich Gates als Freibeuter betätigt, von der Software bis zum Saatgut. Auf der *Expo Milano* 2015 wurde ich zum von Emma Bonino (Italiens ehemalige Außenministerin) organisierten Frauenforum eingeladen, um die Eröffnungsrede zu halten. In einer Podiumsdiskussion im Anschluss an meine Rede sprach ein Vertreter der *Gates Foundation* über die Finanzierung von Innovationen und der Züchtung von klimaresistenten Nutzpflanzen durch neue Technologien. Als ich ihn fragte, welche Bauernsorten sie dafür verwenden, schwieg er.

Die Klimaresistenz ist ein komplexes Merkmal und kann nicht mit den groben Mitteln der Übertragung einzelner Genmerkmale von einem Organismus auf einen anderen »konstruiert« werden. Was die Unternehmen und die *Gates-Stiftung* tun, ist, die Bauernsorten mit bekannten klimaresistenten Merkmalen aus öffentlichen Genbanken zu nehmen, ihr Genom zu kartieren und Patente zu erwerben: auf Grundlage von Vermutungen und Spekulationen darüber, welcher Teil des Genoms zu dem entsprechenden Merkmal beiträgt.

In den Küstengebieten Indiens haben die Bauern hochwasser- und salztolerante Reissorten entwickelt, wie zum Beispiel Bhundi, Kalambank, Lunabakada, Sankarchin, Nalidhulia, Ravana, Seulapuni und Dhosarakhuda. Nutzpflanzen wie Hirse wurden gegen Dürren toleranter gezüchtet, um in Regionen mit Wasserknappheit und in Jahren mit Trockenheit Ernährungssicherheit zu gewährleisten.

Navdanya beschloss, die schwindende Reis-Diversität von Odisha durch ein System der Keim-Plasma-Konservierung zu retten, wobei sowohl In-situ- als auch Ex-situ-Methoden angewandt und gleichzeitig Experimente zu ihrer Nachhaltigkeit unter verschiedenen ökoklimatischen Bedingungen durchgeführt wurden: unter Berücksichtigung der raschen Klimaveränderung und der Ertragspotentiale bei verschiedenen Bodenveränderungen. Ihr Verhalten und ihre Reaktionen werden aufgezeichnet. Dies hat sich bei der Auswahl des

Saatguts spezifischer Reissorten als nützlich erwiesen, um lokale Gemeinschaften in die Lage zu versetzen, die Landwirtschaft in Katastrophengebieten wie Erasama in Odisha nach dem Superzyklon von 1999, Nagapattinam in Tamil Nadu nach dem Tsunami am zweiten Weihnachtsfeiertag 2005 und Nandigram in Bengalen im Jahr 2007 wieder aufzubauen.

Die Tsunami-Wellen beeinträchtigten die Landwirtschaft durch das Eindringen von Salzwasser und die Ablagerung von Meeresboden. Mehr als 5.200 Hektar landwirtschaftlicher Nutzfläche in Nagapattinam waren betroffen. Das *Navdanya*-Team führte in den betroffenen Dörfern eine Studie durch, um zur Erholung der Landwirtschaft beizutragen. Wir verteilten drei salzresistente Reissorten, darunter Bhundi, Kalambank und Lunabakada, an Bauern in den am schlimmsten betroffenen Gebieten. Insgesamt 100 Doppelzentner wurden von *Navdanya*-Bauern in Odisha gesammelt und im Rahmen des Programms *Saatgut der Hoffnung* über eine Entfernung von mehr als 1500 Kilometern von Balasore nach Nagapattinam transportiert; der Ertrag dieser Sorten war dreimal höher und weitaus besser als bei allen anderen bekannten Hochertragssorten. Dieselben Sorten verhielten sich noch besser, als sie 2006 weitere 1000 oder mehr Kilometer entfernt in Indonesien von Professor Friedhelm Golten von der Universität Hohenheim in Deutschland angebaut wurden.

Die Patentierung von Leben durch die Gentechnik weicht rasch der Patentierung von Leben durch die Genom-Kartierung. Die Gemeinschaftliche Saatgutbank von *Navdanya* in Odisha hat mehr als 800 Reissorten konserviert sowie salz- und flutverträgliche Sorten vermehrt und verteilt, wo immer dies erforderlich war.

Die »Innovation«, die für die Entwicklung dieser klimaresistenten Eigenschaften notwendig ist, hat sich kumulativ und kollektiv über Tausende von Jahren vollzogen. Diese Eigenschaften und die Nutzpflanzen sind Gemeingut. Sie werden jedoch als »Erfindungen« von »Wissenschaftlern« dargestellt, die die fluttolerante Eigenschaft in der Bauernsorte (wie zum Beispiel Dhullaputia von Odisha) in *Sub1A* oder *submersionstolerantes Gen* umbenennen. Mit Hilfe markergestützter Selektion (nicht transgen) konnten die Forscher das submersionstolerante Gen, *Sub1A*, isolieren und dann auf eine Reissorte, die als Swarna bekannt ist, übertragen. Diese Reissorte wird auf mehr als fünf Millionen Hektar in Indien und Bangladesch angebaut. Die meisten Reissorten vertragen Überschwemmungen nur für wenige Tage, aber die Forscher sagen, dass *Swarna-Sub1* zwei Wochen lang der Überflutung standhalten kann, ohne dass die Erträge zurückgingen.

Dies ist eine wissenschaftlich fehlerhafte Behauptung, die auf genetischem Reduktionismus beruht, weil Hochwassertoleranz, wie auch andere klimaresistente Eigenschaften wie Salztoleranz und Dürretoleranz, multi-genetische Eigenschaften sind; sie können nicht als *Sub1A*-Gen identifiziert werden. Da es sich nicht um »*ein* Gen« handelt, wurde es als *Submergence Tolerance 1* (*Sub1*) *Quantitative Trait Locus* (*QTL*) bezeichnet.

Bei der markergestützten Selektion wird die genetische Sequenz identifiziert, die mit Sorten verbunden ist, die ein Merkmal gemeinsam haben.[52] Solche Sorten werden dann für die konventionelle Kreuzung mit Sorten wie Swarna ausgewählt. Landwirte, die die Merkmale züchteten, benötigten keine marktorientierte Selektion, um auf Klimaresistenz zu züchten. Aus diesem Grund müssen wir die Vielfalt und den Pluralismus der Wissenssysteme sowie die Vielfalt der Sprachen zur Beschreibung und Benennung von Prozessen und Organismen anerkennen.

Die agrochemische und biotechnologische Industrie nutzt die von Bauern gezüchteten klimaresistenten Nutzpflanzen für ihre Genomkartierung und beansprucht durch Patente die von Landwirten gezüchteten Merkmale als Erfindungen. Aber das ist nicht Züchtung, das ist Piraterie, Biopiraterie. Und so definiert die Gates-Stiftung Biopiraterie von überschwemmungstolerantem Reis von indischen Bauern neu: als eine von Gates finanzierte »Innovation«.

Konzerne haben mehr als 1.500 Patente auf klimaresistente Nutzpflanzen angemeldet. Im Jahr 2014 lehnte das indische Patentamt *Monsantos* Antrag auf klimaresistente Merkmale wie Kältetoleranz, Salztoleranz und Dürretoleranz bei Nutzpflanzensorten ab, die von

Landwirten über Jahrtausende hinweg durch Anwendung ihres Züchtungswissens entwickelt wurden. Diese Eigenschaften werden zwar gentechnisch verändert, es handelt sich aber trotzdem um Biopiraterie. Im Gegensatz zu Bauern, die wussten, was sie taten, als sie nach bestimmten Merkmalen selektierten und züchteten, haben Konzerne keine Ahnung. Ihre Genomkartierung erfolgt durch Computerprogramme und Vermutungen darüber, welcher Teil des Genoms zu welchem Merkmal beiträgt. Zu den »Privatisierern« von heute gehören nicht nur die Konzerne, die durch Fusionen immer weniger und größer werden, sondern auch Einzelpersonen wie Bill Gates.

Digitale Piraterie des Lebens: »Mining« genetischer Daten mit DivSeek

Diversity Seek (*DivSeek*) ist ein globales Projekt, das 2015 gestartet wurde, um die genetischen Daten der bäuerlichen Vielfalt von Saatgut zu kartieren, das in Genbanken aufbewahrt wird. Es ist ein Ausbeutungsprojekt, um die Daten im Saatgut zu schürfen oder zu »minen« und Gemeingüter zu »zensieren«.[53]

Zu den Partnerorganisationen von *DivSeek* gehören die Zentren der *Consultative Group for International Agricultural Research* (*CGIAR*) und öffentliche Universitäten wie *Cornell* und *Iowa State*, die zunehmend von der Biotechnologieindustrie und von Bill Gates privatisiert werden. In den öffentlichen Saatgutbanken gibt es Zugang zu sieben Millionen Pflanzen. *DivSeek* könnte es nur fünf Unternehmen ermöglichen, diese Vielfalt zu besitzen. In *Cornell* finanziert die *Gates Foundation* die Propagandamaschine über die *Cornell Alliance for Science*. Die *Iowa State University* ist der Ort, an dem Gates die unethischen Versuche zur menschlichen Ernährung mit GVO-Bananen finanziert. Die Stiftung finanziert auch die Partner von *DivSeek*, insbesondere die *African Agricultural Technology Foundation*, und eine afrikanisch-brasilianische Zusammenarbeit bei *DivSeek*.[54] Dieser genetische Kolonialismus ist nichts anderes als die Einhegung der genetischen Gemeingüter. Eine Reihe von Massensequenzierungsprojekten wie

G2P-SOL, das die Sequenzierung von 50.000 Samen von Nachtschattengewächsen (Solanaceae) plant, *Bean-Adapt* und die *3.000 Kichererbsen-Genom-Initiative* sind in vollem Gange. Die Pflanzen stammen hauptsächlich aus Entwicklungsländern, insbesondere aus Lateinamerika und Asien.

Die Rechte der Bauern an dem Saatgut, das sie über Jahrtausende hinweg entwickelt haben, werden über die Genomdatenbanken für die Biopiraterie freigegeben, so wie früher im Kolonialismus Landkarten dazu dienten, Territorien zu annektieren. Und so wie frühere Ansprüche von Gemeinschaften ausgelöscht, alle lokalen Gesetze ignoriert und verletzt wurden, versucht *DivSeek*, alle Zugangs- und Vorteilsausgleichsbestimmungen zu umgehen, die mit dem Übereinkommen über die biologische Vielfalt und – für einige Pflanzen – mit dem Internationalen Vertrag über pflanzengenetische Ressourcen für Ernährung und Landwirtschaft (*ITPGRFA*) vereinbar sind. Wichtige *DivSeek*-Mitglieder neigen dazu, eine Resolution des *ITPGRFA* zu ignorieren, die während der sechsten Tagung des Verwaltungsrates des *ITPGRFA* im Oktober 2015 verabschiedet wurde und sie dazu auffordert, über die politischen Auswirkungen der *DivSeek*-Technologien zu berichten.

DivSeek ignoriert die Rechte der Bauern und die Verträge, die die biologische Vielfalt schützen und Zugangsrechte gewähren, und erwägt ein von *Syngenta* angeregtes Programm Zugangsberechtigungen zu den Sequenzdaten des Saatguts von Landwirten aus internationalen Genbanken zu verkaufen.

Evogene Ltd. (Israel) hat ein Computerprogramm zum Lesen des Pflanzengenoms patentieren lassen; diese *in silico* ablaufende »Genentdeckungstechnologie« heißt *ATHLETE*™ (*in silico*, im Gegensatz zu *in vivo* oder *in vitro*, bezieht sich auf Untersuchungen, die mit Hilfe eines Computers oder einer Computersimulation durchgeführt werden). *ATHLETE* ist eine Computerdatenbank und ein Analyseprogramm zum Auffinden von Genfunktionen durch den Vergleich von Sequenzen aus möglichst vielen verschiedenen Pflanzenarten, Geweben, Organen und Wachstumsbedingungen. *Evogene* gibt an, dass seine Datenbank acht Millionen exprimierte Sequenzen, 400.000 »eigene Gencluster« und 30 Pflanzenarten enthält. Das Programm gruppiert Sequenzen nach einer Vielzahl von Kriterien und bestimmt dann, welche Genkandidaten weiter untersucht werden sollen. Es handelt sich dabei um einen Ausleseprozess.

Der Bericht der *ETC*-Gruppe *Capturing »Climate Genes«* erklärt, wie das funktioniert:

> *ATHLETE* nutzt riesige Mengen verfügbarer (meist öffentlicher) genomischer Daten, um schnell zu einer zuverlässigen begrenzten Liste von Kandidaten mit Schlüsselgenen mit hoher Relevanz für ein ausgewähltes Zielmerkmal zu gelangen. Bildlich könnte man die *ATHLETE*-Plattform als eine »Maschine« verstehen, die in der Lage ist, fünfzig bis hundert Lotterielose aus Hunderttausenden von Losen auszuwählen – mit der hohen Wahrscheinlichkeit, dass das Gewinnlos dabei ist.

Evogene arbeitet auch mit *Monsanto* zusammen. Ein zwischen den beiden Konzernen abgeschlossener Vertrag gibt *Monsanto* die Exklusivrechte an einer Reihe von Genen, die von *Evogene* identifiziert wurden und die es den Pflanzen angeblich ermöglichen, stabile Erträge bei geringerem Stickstoffeinsatz zu erzielen. Die Unternehmen arbeiten auch bezüglich der Dürretoleranz zusammen. *Monsanto* und *BASF* (das drittgrößte Agrochemie-Unternehmen der Welt) investieren 1,5 Milliarden Dollar in die gemeinsame Forschung und Entwicklung, um ertragreiche Pflanzen zu entwickeln, die widerstandsfähiger gegen widrige Umweltbedingungen wie Dürre sind.

Wie *ATHLETE* basiert *DivSeek* auf der digitalen Kartierung des Saatguts von Bauern. Wie Marie Haga vom *Global Crop Diversity Trust* sagt:

> Die biologische Vielfalt in der Landwirtschaft ist wichtiger denn je, sie ist die Voraussetzung für die Ernährungssicherheit. [...] Durch die Kombination der Informationen, wo Pflanzen wachsen, der

Informationen über ihre physikalischen Eigenschaften und der Sequenzierungsdaten oder der DNA der Pflanzen sollten wir in der Lage sein, die Züchtungsprozesse zu beschleunigen.

Indessen behauptet der Maisgenetiker der *Cornell University*, Edward Buckler, dass »das große Thema unserer Zeit die ›Entmaterialisierung‹ des Keimplasmas ist. Keimplasma wird zu der Informationstechnologie, die es schon immer war«.

Biopiraterie wird durch internationale und nationale Gesetze bekämpft. Sie bezieht sich im allgemeinen auf die illegale Aneignung der biologischen Vielfalt und des traditionellen Wissens lokaler Gemeinschaften aus Entwicklungsländern durch multinationale Konzerne und Forschungseinrichtungen. Diese Definition umfasst hauptsächlich zwei Aspekte:

(1) den Zugang zu und die Nutzung von biologischem Material oder traditionellem Wissen ohne die Genehmigung des Herkunftslandes und der indigenen Gemeinschaften, die diese Ressourcen besitzen und entwickeln; und/oder

(2) den fehlenden Vorteilsausgleich oder die ungerechte und unfaire Aufteilung der Gewinne mit den Ländern und Gemeinschaften, die die Ressourcen zur Verfügung gestellt haben.

Diese Formen der Biopiraterie sind ausdrücklich durch Artikel 15 und Artikel 8(j) des Übereinkommens über die biologische Vielfalt (*CBD*) von 1992 und in jüngerer Zeit durch das *Nagoya-Protokoll* über Zugang und Vorteilsausgleich, das von der Konferenz der Vertragsparteien der *CBD* auf ihrer zehnten Tagung am 29. Oktober 2010 übernommen wurde, verboten. Auf nationaler Ebene haben viele Entwicklungsländer Gesetze verabschiedet, die den Zugang zu ihren genetischen Ressourcen regeln und den Vorteilsausgleich in Übereinstimmung mit den Prinzipien der *CBD* vorschreiben, wie zum Beispiel in Indien das Gesetz über die biologische Vielfalt (*Biological Diversity Act*, 2002). Das Land ist in der Tat eines der zehn Länder mit der größten Vielfalt der Welt, in dem 7,8 Prozent der weltweit erfassten Arten vorkommen.

Bei einem *DivSeek*-Seminar, das vom 28. November bis zum 1. Dezember 2016 im *Bellagio Center* der *Rockefeller Foundation* in Italien stattfand, diskutierten 18 Experten über »neue wegweisende und potentiell umwälzende DNA-Sequenzierungstechnologien, Plattformen für große Datenmengen, Hochleistungsrechner, bildbasierte Phänotypisierungsmethoden, Geneditierungstechniken und Konzepte der synthetischen Biologie«. Dies offenbart das *TWN Briefing Paper 2016*.

Der Fall CRISPR

CRISPR wurde beschrieben als »eine relativ einfache Möglichkeit, die DNA eines Organismus zu verändern, etwa so, wie ein Computerbenutzer ein Wort in einem Dokument bearbeiten kann«. Ein Artikel aus dem Jahr 2015 im *Forbes*-Magazin erklärt: »Vor vier Jahren war das Protein namens *CRISPR-Cas9* den Menschen unbekannt. Es ist ein Enzym, mit dem Bakterien Viren angreifen, die sie infizieren. Heute ist es in Wissenschaftslabors allgegenwärtig, da es die bisher effizienteste Art und Weise des Ausschneidens und Einfügens von DNA darstellt. Das Magazin *Wired* nannte es in einer atemberaubenden Titelgeschichte den »Genesis-Motor« und wies die Leser an, sich »anzuschnallen«, denn die »einfache DNA-Bearbeitung *CRISPR* […] wird die Welt verändern«.[55]

Eine neue Studie, die in *Nature Methods* veröffentlicht wurde, zeigte jedoch, dass *CRISPR* Hunderte von unbeabsichtigten Mutationen im Genom von Mäusen ausgelöst hatte.[56] Sie fand mehr als 1.500 Einzel-Nukleotid-Mutationen und mehr als hundert größere Löschungen und Einfügungen. Keine dieser DNA-Mutationen wurde von den Computer-Algorithmen vorhergesagt, die von Forschern häufig verwendet werden, um das Genom eines Organismus auf mögliche Nebenwirkungen zu untersuchen.

Bis jetzt ist es technisch nicht möglich, mit *CRISPR* eine einzige (nicht *eine einzige*!) genetische Veränderung an einem Genom vorzunehmen und diese sicherzustellen.[57] Wie Franziska Fichtner bemerkt,

»verursacht *Cas9* in Säugetiersystemen ein hohes Maß an Nebenwirkungen«. Und Jonathan Latham warnt davor, dass gewöhnliches *CRISPR* »Mutationen an Stellen auslösen kann, die bis zu fünf Nukleotide vom beabsichtigten Ziel abweichen«. Mit anderen Worten: *CRISPR* kann an unbekannten Stellen im Genom wirken, an denen es nicht erwünscht ist.[58]

Der dritte Fehler, den *CRISPR* macht, besteht darin, zu behaupten, dass man davon ausgehen könne, dass Veränderungen der Genfunktionen einzeln und begrenzt stattfinden. Das Konzept der präzisen Bearbeitung eines Genoms, die zu einem präzisen biologischen Ergebnis führt, hängt stark an der Vorstellung, dass die Gene einfache Auswirkungen haben. Dies ist das in der Schule gelehrte genetische Paradigma. Es ist auch das Paradigma, das der Öffentlichkeit eingetrichtert wird und das sogar im Denken der Molekulargenetiker eine große Rolle spielt.

Ein festgelegter einzelner oder einfacher Weg vom Gen zum Merkmal existiert jedoch höchstwahrscheinlich nicht. Die meisten Genfunktionen werden auf undurchschaubare Weise durch hochkomplexe biochemische und andere Netzwerke vermittelt, die von vielen bedingenden Faktoren abhängen, wie zum Beispiel vom Vorhandensein anderer Gene und ihrer Varianten, von der Umwelt, vom Alter des Organismus, vom Zufall und so weiter. Genetiker und Molekularbiologen sind jedoch seit der Zeit von Gregor Mendel bestrebt, künstliche experimentelle Systeme zu finden oder zu schaffen, in denen die Umwelt und alle anderen Variationsquellen minimiert werden, um nicht vom »wichtigeren« Geschäft mit genetischen Entdeckungen abzulenken.

Aber durch das Verwerfen von Organismen oder Merkmalen, die nicht ihren Erwartungen entsprechen, haben Genetiker und Molekularbiologen einen Zirkelschluss zugunsten einer naiven, deterministischen Darstellung der Genfunktion konstruiert. Ihr Paradigma verharmlost notorisch die enorme Komplexität, mit der Informationen zwischen Organismen und ihren Genomen wechselseitig ausgetauscht werden. Es hat eine immense und meist nicht hinterfragte

Verzerrung des allgemeinen Verständnisses von Genen und DNA stattgefunden. Dies zeigt, wie unzuverlässig die Annahmen und Projektionen von Genombearbeitungstechniken wie *CRISPR* sind; und wie unzuverlässig die Behauptungen, sie seien präzise, vorhersehbar und daher sicher und bedürften keiner Sicherheitsregelungen.

Bill Gates und 13 weitere Investoren haben 120 Millionen Dollar in ein neues *CRISPR*-basiertes Unternehmen, *EDITAS*, investiert, das von Feng Zhang vom *Massachusetts Institute of Technology* (*MIT*) und dem *Broad Institute* gegründet wurde. Die anderen Investoren sind *Deerfield Management, Viking Global Investors, Fidelity Management & Research Company*, Fonds und Konten, die von *T. Rowe Price Associates, Inc.* verwaltet werden, *Google Ventures, Jennison Associates* im Namen bestimmter Kunden, *Khosla Ventures, EcoR1 Capital, Casdin Capital, Omega Funds, Cowen Private Investments* und *Alexandria Venture Investments*. Der Hauptinvestor ist eine neu gegründete Firma namens *bng0*, eine ausgewählte Gruppe unter der Leitung von Boris Nikolic, ehemaliger wissenschaftlicher Berater von Bill Gates. Sowohl *EDITAS* als auch das Büro von Gates bestätigen, dass der Microsoft-Milliardär zu den Unterstützern von *bng0* gehört.[59]

Gates finanziert auch Jennifer Doudna, die *Caribou Biosciences* mitbegründet hat, um an den Forschungsanwendungen von *CRISPR-Cas9* zu arbeiten, und vor kurzem *Intellia Therapeutics* gegründet hat, um Krankheiten zu behandeln. Doudna und *EDITAS* befinden sich in einer Auseinandersetzung über Patente von *CRISPR*-Technologien. Da Gates beide in den Patentkampf verwickelten Seiten finanziert, gewinnt er, ganz gleich, wer verliert, da er direkt in Unternehmen investiert, die *CRISPR* patentieren.

Die Patentanmeldung für *CRISPR* durch die *Harvard University* enthält eine lange Liste von über 50 Pflanzen und fast 200 Herbiziden, gegen die die Technologie eingesetzt werden könnte, und bietet damit ein großes Geschäft durch die Lizenzierung des Patents an große Agrochemieunternehmen.

EDITAS Medicine – die eines der fraglichen Patente lizenziert hat – gab bekannt, dass sie bis 2016 10,9 Millionen Dollar Anwaltskosten vom *Broad Institute* und von *Harvard* ausgegeben habe, hauptsächlich für die Verteidigung von Patenten, die für *CRISPR*-Erfindungen von Feng Zhang erteilt wurden. Diese Kosten liegen weit über den 4,7 Millionen Dollar, die 2015 ausgegeben wurden. In einer Erklärung sagte das Unternehmen: »Die Investition in geistiges Eigentum ist eine der Komponenten, mit denen wir das Unternehmen zu einem führenden Unternehmen in der Genom-Medizin aufbauen«, und fügte hinzu, dass es *Broad* und *Harvard* die Kosten erstattet, »die mit dem Verfolgen und der Aufrechterhaltung der Patentrechte verbunden sind, die wir von ihnen lizenzieren«.[60]

Darüber hinaus wird *Bayer*, ein deutscher Arzneimittelhersteller mit einem Umsatz von 96 Milliarden US-Dollar, dem in Basel ansässigen Unternehmen *CRISPR Therapeutics* in den nächsten fünf Jahren, ab 2016, mindestens 300 Millionen US-Dollar zur Verfügung stellen, um die *CRISPR-Cas9*-Gen-Editiertechnologie zur Behandlung von Blutkrankheiten, Blindheit und angeborenen Herzerkrankungen zu entwickeln. Darüber hinaus erwirbt *Bayer* für 35 Millionen US-Dollar eine Mehrheitsbeteiligung an *CRISPR Therapeutics*.[61]

Bayer CropScience schließt sich *Astra Zeneca* und *Nestlé Health Science* als strategischer Innovationspartner im *Flagship Ventures Fund V* an, der sich auf Innovationen in den Sektoren Gesundheitswesen und Nachhaltigkeit in den Bereichen Energie, Wasser, Landwirtschaft und Ernährung konzentrieren wird.[62]

Die ethischen Fragen im Zusammenhang mit *CRISPR* sind von großer Bedeutung. In einem Bericht der *New York Times* heißt es: »Wissenschaftler sind besorgt, dass es auch dazu verwendet werden könnte, Gene in menschlichen Embryonen, Spermien oder Eizellen auf eine Weise zu verändern, die von Generation zu Generation weitergegeben werden kann. Die Aussicht weckt Ängste vor einer dystopischen Zukunft, in der die Wissenschaftler eine Elite-Population von Designer-Babys mit verbesserter Intelligenz, Schönheit oder anderen Merkmalen erschaffen.«[63]

Sequenzen werden innerhalb eines Genoms häufig wiederholt, oft als Überbleibsel der Evolution, und Wissenschaftler sind besorgt, weil es immer mehr Beweise dafür gibt, dass die Genbearbeitung unvorhersehbare Nebenwirkungen haben kann. Das heißt, dass sie nicht nur das Ziel-Gen, sondern auch andere Gene mit derselben Teilsequenz an anderer Stelle im Genom ausschneiden und ersetzen kann. Ricardo Steinbrecher stellt fest, dass *CRISPR* in einigen Ländern in eine regulatorische Lücke fällt; das US-Landwirtschaftsministerium (*USDA*) lehnte es ab, einen von *CRISPR* entwickelten Pilz im Jahr 2016 zu regulieren, da er außerhalb der Biotech-Vorschriften des *USDA* liege. *CRISPR* ist für die Biotech-Industrie zur Möglichkeit geworden, das gescheiterte GVO-Experiment fortzusetzen. *Monsanto* hat eine Vereinbarung für landwirtschaftliche Anwendungen von *CRISPR* mit dem *Broad Institute* unterzeichnet.[64]

Bill Gates, Biodiversität, Genantrieb und neue GVO: vom Terminator zum Exterminator

Die *DARPA* (der Forschungszweig des Pentagon) und die *Bill & Melinda Gates Foundation* haben einen Bericht von 2016 der *National Academy of Sciences* (*NAS*) in den Vereinigten Staaten finanziert. Der Titel lautet: *Gene Drives on the Horizon: Fortschritt in der Wissenschaft, Umgang mit Unsicherheit und Ausrichtung der Forschung auf öffentliche Werte*. Der Bericht warnt: »Ein mögliches Ziel der Freisetzung eines gentechnisch veränderten Organismus ist es, das Aussterben der Ziel-Spezies oder eine drastische Verringerung ihres Vorkommens zu bewirken.«

Genantriebe werden als »erbgutverändernde Kettenreaktionen« bezeichnet und sind für die biologische Welt das, was Kettenreaktionen für die nukleare Welt sind. Der *Guardian* beschreibt den Genantrieb als die »Genbombe«. Kevin Esvelt vom *MIT* meint: »Eine Freisetzung an einem Ort ist gleichzusetzen mit einer Freisetzung überall«, und fragt: »Haben Sie wirklich das Recht, ein Experiment durchzuführen, von dem, wenn Sie es vermasseln, die ganze Welt betroffen ist?«

Der *NAS*-Bericht bezeichnet die Ausrottung von Amarant als Beispiel für einen »potentiellen Nutzen«. Dennoch bleibt die »magische

Technologie« der Genantriebe ein Gespenst oder die geheime »Waffe« des Verteidigungsministeriums der US-Regierung, um ihren Krieg gegen *Amaranthus culturis* fortzusetzen. Vor 75 Jahren begann *DARPA-Mind* sein Vernichtungsexperiment und brachte die Menschheit vom Weg ab. (*DARPA* ist die Forschungsagentur des Pentagon, und *DARPA-Mind* ist das Label für den militarisierten Geist.) Die Chemikalien, Materialien und Technologien, die während des Krieges erworben und patentiert wurden, wurden *Amaranthus culturis* aufgezwungen.

Der *NAS*-Bericht enthält folgende Zielsetzung und Begründung:

Fallstudie 6: Kontrolle von *Amaranthus palmeri* zur Steigerung der landwirtschaftlichen Produktivität

Zielsetzung

Schaffung von Genantrieben bei *Amaranthus palmeri* (auch Schweinegras genannt), um das Unkraut auf landwirtschaftlichen Feldern im Süden der Vereinigten Staaten zu reduzieren oder zu beseitigen.

Begründung

Amaranthus palmeri befällt landwirtschaftliche Felder im gesamten amerikanischen Süden. Er hat eine Resistenz gegen Glyphosat entwickelt, das weltweit am häufigsten eingesetzte Herbizid, und diese Resistenz hat sich geografisch weit verbreitet.

Amaranthus palmeri hat sich zu einem der Superunkräuter entwikkelt. Anstatt sein Auftauchen als Superunkraut als Folge fehlgeleiteter herbizidresistenter GVO zu sehen, versuchen *Monsanto* & Co. (Investoren, Wissenschaftler, Unternehmen, *DARPA* und Gates), die Amarant-Arten durch den Einsatz eines ungetesteten Instruments zum Aussterben zu bringen. Der *NAS*-Bericht stellt ganz beiläufig den »potentiellen Schaden für Menschen durch Genantriebe« fest:

> Die für landwirtschaftliche Zwecke entwickelten Genantriebe könnten auch negative Auswirkungen auf das menschliche Wohl haben. Die Übertragung eines Unterdrückungs-Antriebs auf eine wilde Spezies, die nicht das Ziel ist, könnte sowohl negative Umweltauswirkungen als auch schädliche Auswirkungen etwa auf Gemüsekulturen haben. *Amaranthus palmeri* in Fallstudie 6 ist in den Vereinigten Staaten ein schädliches Unkraut, aber verwandte Amarant-Arten werden in Mexiko, Südamerika, Indien und China als Nahrungsmittel angebaut.

Von den Hängen des Himalayas über die Ebenen Nord-, Zentral- und Südindiens bis hin zu den Küstenlinien im Osten, Westen und Süden ist der Amarant lebenswichtig. Tatsächlich ist die Himalaya-Region eines der »Zentren der Vielfalt« für Amarant. Seine Blätter enthalten mehr Eisen als Spinat und haben einen viel feineren Geschmack. Abgesehen von Reiskleie hat das Korn des Amarants den höchsten Eisengehalt unter den Getreidearten. Ein Kilogramm Amarantmehl, das einem Kilogramm raffiniertem Weizenmehl beigemischt wird, erhöht seinen Eisengehalt von 25 Milligramm auf 245 Milligramm. Der Zusatz von Amarantmehl zu Weizen- bzw. Reismehl ist eine billigere und gesündere Methode zur Vorbeugung einer ernährungsbedingten Anämie als der Kauf von teuren Tabletten, Stärkungsmitteln, Gesundheitsgetränken und angereichertem Markenmehl oder Dosenspinat.

Auch ist Amarant extrem reich an komplexen Kohlenhydraten und Proteinen. Er enthält 12 bis 18 Prozent mehr Eiweiß als andere Getreidearten, insbesondere Lysin, eine wichtige Aminosäure. Er unterscheidet sich von anderen Getreidearten auch indem er zu 65 Prozent aus Keimling und zu 35 Prozent aus Nährgewebe besteht, verglichen mit durchschnittlich 15 Prozent Keimling und 85 Prozent Nährgewebe bei anderen Getreidearten. Das Amarantkorn ist neben Milch die reichste Kalziumquelle; es enthält 390 Gramm Kalzium im Vergleich zu 10 Gramm in Reis und 23 Gramm in raffiniertem Mehl.

Die industrielle Landwirtschaft behandelte Amarantpflanzen als »Unkraut« und versuchte, sie mit Herbiziden auszurotten. Dann kam *Monsanto* mit Pflanzen, die gentechnisch so verändert waren, dass sie *Roundup* widerstehen konnten, so dass diese GVO-Pflanze die tödliche Chemikalie überlebte, während alles andere, was grün war, zugrunde ging.

Finanzmarkt-Kapitalismus, Patentierung und aufgezwungene Digitalisierung

Im 21. Jahrhundert hat das Konzernimperium neue Instrumente der Ausbeutung entdeckt; Patente und (wie man es nennen sollte) »Kapitalisierung« sind die beiden prominentesten. Während die Chemie-Biotech-Saatgutindustrie Patente auf Leben und Saatgut »innoviert« und »erfunden« hat, um den Bauern Gewinne zu entziehen, ist das zweite Instrument, die *Finanzialisierung* der Wirtschaft, ebenso abartig. Sie hat den realen Reichtum, den die Menschen in der realen Wirtschaft produzieren, an den Rand gedrängt und vor allem die Kapitalisten belohnt. Die Finanzwirtschaft ist heute 70-mal so groß wie die reale Weltwirtschaft. Die Konzentration des Reichtums der Welt in den Händen des 1 % ist Folge der Patentierung, der Finanzialisierung und der Digitalisierung unseres Lebens. Der neueste Köder, mit dem sich die globalisierte Unternehmensmacht in Indien in die Haushalte schleicht, ist das plötzliche Verbot von Banknoten mit großem Nennwert. Gegen Ende 2016 gab es einen orchestrierten und erzwungenen Versuch, dem Land durch ein »Bargeldverbot« eine digitale Wirtschaft aufzuzwingen. Diejenigen, die keine Smartphones und Kreditkarten besaßen, wurden über Nacht zu »digitalen Barba-

* Finanzialisierung (nicht Finanzierung) resultiert aus der Neigung kapitalistischer Systeme, sämtliche Güter, Waren, Dienstleistungen oder sonstige handelbare Werte – unabhängig davon, ob sie materiell-gegenständlich oder immateriell und ob sie gegenwarts- oder zukunftsorientiert sind – in Finanzinstrumente oder Derivate von Finanzinstrumenten umzuwandeln mit dem Ziel, ihren profitablen Handel zu erleichtern.

ren«, die »zivilisiert« und durch »digitale Alphabetisierung« in die Gesellschaft integriert werden mussten.

Die »Demonetisierung« der indischen Wirtschaft um Mitternacht des 8. November 2016 war das Spiel der Konzerne, um sich das Vermögen der Menschen anzueignen, indem sie es mit einer Verschlüsselung versahen und die wirtschaftlichen Grundlagen der Menschen über Nacht lahmlegten. Nur jenen Teilen der Wirtschaft war das Handeln erlaubt, die bereit waren, dem Türsteher des Zahlungsverkehrs Folge zu leisten. Die *Naspers Group* ist der Türsteher für das digitale Indien.

Über 90 Prozent der indischen Bevölkerung arbeitet mit Bargeld, und so trägt es die Wirtschaft der Bevölkerung. Dadurch, dass 86 Prozent der gesamten Barschaft über Nacht wertlos und für illegal erklärt wurde, wurde der Mehrheit der einfachen Inder ein kolossaler Schaden zugefügt.

So wie das Patentieren von Saatgut ein unrechtmäßiger Versuch war, die Bauern zu kriminalisieren, indem man das Sammeln von Saatgut für illegal erklärte, so war die Demonetisierung der unrechtmäßige Versuch, die Ersparnisse der Menschen zu kriminalisieren und ihre Wirtschaft, die 80 Prozent der realen Wirtschaft Indiens ausmacht, schwer zu stören.

Bill Gates erklärte in seiner Rede für die *NITI-Vortragsreihe: Transforming India*, die in Anwesenheit von Premierminister Narendra Modi und seinen Kabinettskollegen gehalten wurde: »Der mutige Schritt der Regierung, Geldscheine mit hohem Nennwert zu verbieten und durch neues Geld mit Hochsicherheitsmerkmalen zu ersetzen, war ein wichtiger Schritt für den Übergang von der Schattenwirtschaft zu einer transparenteren Wirtschaft.« Er sagte weiter, dass infolgedessen digitale Transaktionen dramatisch zunehmen und Indien in den nächsten Jahren nicht nur gemessen an der Größe, sondern auch prozentual zu einer der am stärksten digitalisierten Volkswirtschaften werden würde.[65]

Der *Oxfam*-Bericht über die Wirtschaft des 1 % gibt an, dass 188 der 201 führenden Konzerne der Welt in mindestens einer Steueroase

Tabelle: Top 30 Konzerne mit den größten Offshore-Beteiligungen

Firma – Offshore gehaltener Betrag in Millionen $ – Anzahl Tochtergesellschaften in Steueroasen

Apple	241.900	3	J.P. Morgan Chase & Co.	34.600	385
Pfizer	193.587	181	Amgen	32.600	9
Microsoft	124.000	5	Coca-Cola	31.900	15
General Electric	104.000	20	United Technologies	29.000	31
International Business Machines	68.100	16	Qualcomm	28.800	3
Merck	59.200	125	Goldman Sachs Group	28.550	987
Google	58.300	1	Gilead Sciences	28.500	12
Cisco Systems	58.000	56	Intel	26.900	13
Johnson & Johnson	58.000	62	Eli Lilly	26.500	33
Exxon Mobil	51.000	35	Walmart	26.100	–
Proctor & Gamble	49.000	35	AbeVie. Inc.	25.000	38
Hewlett-Packard	47.200	95	Bristol-Myers Squibb	25.000	23
Chevron	45.400	8	Danaher	23.500	31
Citigroup	45.200	140	Philip Morris International	23.000	7
Oracle	42.600	5			
PepsiCo	40.200	135			

Insgesamt: 1.648.637 Mio. $ in 2.509 Tochtergesellschaften

Quelle: http://www.oxfamamerica.org/press/top-50-us-companies-stash-16-trillion-offshore

präsent sind.[66] Neun von zehn Unternehmenspartnern des Weltwirtschaftsforums (*WEF*) sind in mindestens einer Steueroase niedergelassen, und es wird geschätzt, dass Steuerhinterziehungen durch multinationale Konzerne die Entwicklungsländer jedes Jahr mindestens 100 Milliarden Dollar kosten. Ein globales Netzwerk von Steueroasen ermöglicht es den reichsten Einzelpersonen zudem, 7,6 Billionen Dollar zu verstecken. Wenn auf das Einkommen, das dieser Reichtum generiert, Steuern gezahlt würden, stünden den Regierungen jedes Jahr zusätzliche 190 Milliarden Dollar zur Verfügung.

Der Bericht *Gated Development – Is the Gates Foundation Always a Force for Good?* von *Global Justice Now* argumentiert, dass das, was die *Bill & Melinda Gates Foundation* (*BMGF*) tut, am Ende die globale

Ungleichheit verstärken könnte, indem es die Macht der Konzerne weltweit festigt. Er äußert ernste Besorgnis wegen der Steuerhinterziehung durch die Stiftung und wegen ihrer engen Verbindung zu Konzerninteressen.

In einem Bericht des US-Senats aus dem Jahr 2012 wurde festgestellt, dass *Microsoft* durch die Nutzung von Offshore-Tochtergesellschaften Steuerzahlungen in Höhe von bis zu 4,5 Milliarden Dollar vermeiden konnte, eine Summe, die höher ist als die jährlichen Zuschüsse des *BMGF* (3,6 Milliarden Dollar im Jahr 2014).

How Piracy Opens Doors for Windows, ein Artikel der *Los Angeles Times*,[67] zitiert Bill Gates:

> Obwohl in China jedes Jahr etwa drei Millionen Computer verkauft werden, bezahlen die Menschen nicht für die Software. Eines Tages werden sie es aber tun, [...] und solange sie sie stehlen, wollen wir, dass sie unsere stehlen. Sie werden süchtig werden, und dann werden wir irgendwie herausfinden, wie wir im nächsten Jahrzehnt kassieren können.

Gates steht bereit, um abzuräumen.

Der Krieg gegen das Bargeld ist ein Krieg, der von denen entfesselt wird, die durch die Illegalisierung von Bargeld riesige Gewinne erzielen werden. Dazu gehören die *Better Than Cash Alliance*, die *Gates Foundation* (*Microsoft*), das *Omidyar-Network* (*eBay*), die *Dell Foundation*, *Mastercard*, *Visa* und die *Metlife Foundation*. Wie die »Grüne Revolution« wurde auch die »Digitale Revolution« in den USA konzipiert und durch eine Partnerschaft zwischen globalen Konzernen, Raubrittern und der US-Regierung ins Leben gerufen. Die Grüne Revolution, die auf Öl basiert, wurde von der *Rockefeller Foundation* vorangetrieben; die Digitale Revolution, die auf »Bytes« basiert, wird von Bill Gates vorangetrieben. Und Indien hat nie eine autonome Entscheidung getroffen.

Während sowohl die chemische Landwirtschaft damals als auch die digitale Zahlweise heute als die von den Menschen gewünschte nächste Stufe des technologischen Fortschritts dargestellt wird, sind beide in Wirklichkeit das Ergebnis von Aufnötigung und intensiver Lobbyarbeit.

Was die finanziellen, ökologischen und sozialen Kosten betrifft, entscheidet sich niemand für die kostspieligeren Instrumente. Sozial und ökologisch zerstörerische Instrumente werden nicht gewünscht, sie müssen aufgenötigt werden.

Am 14. Oktober 2016, nur vier Wochen vor der Demonetisierung in Indien, hatte *USAID* die Gründung von *Catalyst: Inclusive Cashless Payment Partnership* in Zusammenarbeit mit dem indischen Finanzministerium angekündigt. »Ziel [sei es], einen Quantensprung im bargeldlosen Zahlungsverkehr in Indien zu erreichen«. Badal Malick, CEO von *Catalyst* und ehemaliger Vizepräsident von *Snapdeal*, Indiens wichtigstem Online-Marktplatz, kommentierte dies so:

> Die Aufgabe von *Catalyst* besteht darin, zahlreiche Koordinationsprobleme zu lösen, die das Vordringen digitaler Zahlungen bei Händlern und Verbrauchern mit niedrigem Einkommen blockiert haben. Wir freuen uns darauf, ein nachhaltiges und reproduzierbares Modell zu schaffen. […] Während es […] einen konzertierten Vorstoß für digitale Zahlungen durch die Regierung gegeben hat, gibt es immer noch eine Lücke zu schließen, wenn es um Fragen der Akzeptanz und Koordination von Händlern geht. Wir wollen diese Probleme mit einem ganzheitlichen Ökosystemansatz angehen.

In einer im Januar 2016 von *USAID* in Auftrag gegebenen Studie mit dem Titel *Beyond Cash* heißt es: »Händler sind wie Verbraucher in Bargeld-Ökosystemen gefangen, was ihr Interesse an digitalen Zahlungen mindert. Da nur wenige Händler digitale Zahlungen akzeptieren, haben nur wenige Verbraucher ein Interesse daran, und da nur wenige Verbraucher sie nutzen, haben auch nur wenige Händler ein Interesse daran. Angesichts der Tatsache, dass Banken und Zahlungsanbieter eine Gebühr für die Nutzung von Geräten erheben, um digitale Zahlungen zu nutzen oder auch nur auszuprobieren, ist ein starker externer Impuls erforderlich, um einen Nutzungsgrad zu erreichen, der ein Interesse beider Seiten an digitalen Zahlungsmöglichkeiten schafft.«

Jonathan Addleton, *USAID*-Missionsdirektor in Indien, sagte: »Indien steht an der Spitze der weltweiten Bemühungen, die Digitalisierung der Wirtschaft und die Schaffung neuer wirtschaftlicher Möglichkeiten voranzutreiben, die sich auch auf schwer erreichbare Bevölkerungsgruppen erstrecken. *Catalyst* wird diese Bemühungen unterstützen, indem es sich auf die Herausforderung konzentriert, alltägliche Einkäufe bargeldlos abzuwickeln.«[68]

Weil Indien in katastrophaler Geschwindigkeit versucht hatte, das Land über Nacht in eine digitale Wirtschaft zu zwingen, und dabei ins Straucheln geriet, ist es wichtig, innezuhalten und darüber nachzudenken, was digitale Wirtschaft ist. Wir sollten schauen, wer die Plattformen und die Leitungen kontrolliert. Und wir sollten uns über einige grundlegende Konzepte in Bezug auf Geld und Technologie Gedanken machen, die unser Leben und unsere Freiheiten prägen und auf patentierten Systemen beruhen. »Kurzer Schmerz für Gewinn auf lange Sicht« wurde zum Slogan des Premierministers für den diktatorischen Übergang zu einer digitalen Wirtschaft. Aber der Schmerz war nicht kurz, und der Gewinn war Illusion, wie wir heute wissen. Um den langfristigen Gewinn einschätzen zu können, müssen wir grundlegende Fragen stellen wie: Langfristiger Gewinn für wen? Mit welchen Mitteln? Zu welchem Zweck?

Zwei Arten von Mitteln, Geld und Technologie verbinden sich in dem, was als Grund für die Demonetisierung erklärt wurde: dem Schritt in eine digitale Wirtschaft. In diesem Prozess wurden die Menschen das Mittel zum Zweck. Warum sonst richtete jede Regierungsabteilung ihre ganze Kraft darauf, die Inder »digital zu alphabetisieren«?

Die Einführung der digitalen Wirtschaft durch ein Bargeldverbot ist eine Form der technologischen Diktatur. Wirtschaftliche Vielfalt und technologischer Pluralismus sind Indiens Stärke; es ist das »harte Geld«, das Indien 2008 vor dem »Sturz in die roten Zahlen« auf dem

Weltmarkt bewahrt hat. Auf den Geldscheinen, die wir nutzen, steht: »Ich verspreche, dem Inhaber die Summe von ... zu zahlen«, dieses Versprechen wird vom Gouverneur der indischen Zentralbank gegeben. Auf diesem Versprechen und Vertrauen ruht eine ganze Wirtschaft, auf regionaler und nationaler Ebene. Jedenfalls hat der Demonetisierungszirkus von 2016/17 das Vertrauen in die indische Wirtschaft zerstört und Hunderttausenden armen Menschen in der nicht digitalisierten Wirtschaft schweren Schaden zugefügt.

In einer Bargeldwirtschaft bleiben 100 Rupien 100 Rupien, auch wenn man sie hundertmal umtauscht. In der digitalen Welt verdienen diejenigen, die den Tausch über digitale und finanzielle Netzwerke kontrollieren, an jedem der hundert Tauschvorgänge Geld. Auf diese Weise hat die digitale Wirtschaft die Milliardärskaste des 1 % geschaffen, die die Wirtschaft der 100 Prozent kontrolliert. Reales Geld, das die wirkliche Arbeit widerspiegelt, zirkuliert in einer Kreislaufwirtschaft. Digitales Geld wird in ein globales Finanzsystem extrahiert und bricht mit dem Gesetz der Rückführung, nach dem die Kreislaufwirtschaft funktioniert.

Gates hatte sich auf die Demonetisierung vorbereitet, bevor sie im November 2016 allen Indern undemokratisch aufgezwungen wurde. Außerdem starteten Gates und *Microsoft* die Plattformen *Microsoft Dynamics AX* und *Microsoft Azure* für die Steuererklärungen der *Goods and Services Tax* (*GST, Steuer auf Waren und Dienstleistungen*), dem neuen Steuersystem in Indien, bevor die Regierung es am 1. Juli 2017 um Mitternacht verkündete.[69]

Wenige Monate nach der erzwungenen Digitalisierung durch die Demonetisierung unternahm die indische Regierung mit *GST* den zweiten Schritt, ein digitales Steuersystem einzuführen, das als Indiens »größte Steuerreform« bezeichnet wird. Ein Blog auf *Microsoft Azure* erklärt *GST* als »ein im wesentlichen neues System der indirekten Steuern für die ganze Nation, das Indien zu einem einheitlichen gemeinsamen Markt machen wird, vom Hersteller bis zum Verbraucher. Es handelt sich um eine breit angelegte, umfassende, einzige indirekte Steuer, die in ganz Indien zugleich auf Waren und Dienstleistungen erhoben wird.«

Der *India Development Update Report* der Weltbank erklärte die Einführung dieses Steuersystems als »eines der komplexesten [*GST*-Systeme] der Welt, nicht nur mit einem der höchsten Steuersätze, sondern auch mit einer der größten Anzahl von Steuerklassen«, folglich war die Einführung dieses Steuersystems mit Herausforderungen bei der Umsetzung sowie mit Änderungen verbunden.

Microsofts Software Dynamics 365 arbeitet mit *Easemy GST* zusammen, einer Software, die von einem Unternehmen in Gurugram, Haryana, für *GST*-Steuererklärungen entwickelt wurde. Damit sollten die »digitalen Barbaren«, die in einer selbstorganisierten, autopoietischen Wirtschaft leben, herstellen und verbrauchen, kaufen und verkaufen, *GST*-konform gemacht werden. So wollte man sie nötigen, an die 1 % Gebühren zu zahlen.[70]

Amit Kumar, Geschäftsführer von *Small and Mid-Market Solutions and Partners* bei *Microsoft Indien*, sagt über *GST*:

> Für jede bedeutende Technologie des Landes stellen die kleinen und mittleren Unternehmen (KMU) den Heiligen Gral der Möglichkeiten dar. Bei rund 40 Millionen KMU im Land ist das für *Microsoft* nicht anders. Durch sein ehrgeiziges »Partnernetzwerk« versucht *Microsoft* seit Jahren, dieses Publikum zu erreichen, und hat nun einen Glückstreffer gelandet. Die *GST* hat die KMU gezwungen, diese Technologie zu übernehmen bzw. die Übernahme beschleunigt.[71]

Bill Gates gilt als einzigartig: wegen seiner Stiftung, die laut *Forbes* der reichste Geldgeber der Welt ist, wegen seines Vermögens von 43,5 Milliarden Dollar und seines unverhältnismäßig großen Einflusses auf die Wirtschafts-, Landwirtschafts- und Gesundheitspolitik weltweit. Durch sein Modell des philanthropischen Kapitalismus nutzt Gates die Macht seines Geldes, eine Macht, über die er niemandem

Rechenschaft schuldet. Er umgeht demokratische Strukturen, hebelt verfügbare Alternativen aus und drückt seine totalitären Ideen durch – auf der Grundlage von: *eine* Wissenschaft, *eine* Landwirtschaft, *eine* Geschichte. So will er die Zukunft seiner Vision gemäß gestalten. Doch genau durch diese sogenannte Philanthropie errichtet Gates neue Kolonien. Die *Financial Times* schreibt: »Mit nur einem Federstrich in seinem Scheckbuch hat Gates inzwischen wahrscheinlich die Macht, das Leben und das Wohlergehen von einer größeren Zahl seiner Mitmenschen zu beeinflussen als jede andere Privatperson in der Geschichte.« Gates ist Papst, König oder Königin und Eroberer in einem. Seine Erlasse prägen jeden Bereich – Gesundheit, Bildung, Landwirtschaft, Wirtschaft und Finanzen. Der fundamentalistische Glaube, den er aufzwingt, ist die Anbetung der Instrumente, über die er durch Patente verfügt.

Auf einem Planeten mit 300 Millionen Arten und sieben Milliarden Menschen ist ein einzelner Mann, der über die Zukunft der Erde und der Menschheit bestimmt, eine gefährliche Vorstellung:

- gefährlich für die Erde, weil die anthropozentrischen, reduktionistischen und mechanistischen Annahmen, von denen Gates sich leiten lässt, die Wurzel der ökologischen Krise sind, die uns an den Rand der Auslöschung gedrängt hat.
- gefährlich für die Gesellschaft, weil die Beiträge von Frauen, indigenen Völkern und Kleinbauern zu den Wissens- und Ernährungssystemen nicht berücksichtigt werden.
- gefährlich für die Wirtschaft, weil dieses Modell blind ist für die Vielfalt der Volkswirtschaften, die das Leben der Menschen aufrechterhält und ihnen ermöglicht, für die Erde und füreinander zu sorgen. Die Wirtschaft des 1 % wird als die *einzige* Wirtschaft definiert und impliziert damit die wirtschaftliche Ausgrenzung der 99 %.
- gefährlich für die Demokratie, denn die Menschen sollten an den Entscheidungen teilhaben, die ihr Leben und ihre Zukunft bestimmen. Ein reicher Mann, der darüber entscheidet, was wir anbauen und essen, wie wir uns heilen, was wir lernen und was wir denken, ist Diktatur, nicht Demokratie.

Der bereits zitierte Bericht *Global Justice Now* argumentiert, dass das, was die *BMGF (Bill & Melinda Gates Foundation)* tut, am Ende die globale Ungleichheit verschärfen und die Macht der Konzerne stärken könnte. Die Stiftung profitiert nicht nur von zahlreichen Investitionen in eine Reihe umstrittener Unternehmen, die zu wirtschaftlicher und sozialer Ungerechtigkeit beitragen, sondern unterstützt viele dieser Unternehmen auch aktiv, darunter *Monsanto*, *Dupont* und *Bayer*, durch eine Vielzahl unternehmensnaher Initiativen auf der ganzen Welt.

Die *BMGF* finanziert Projekte, bei denen landwirtschaftliche und pharmazeutische Konzerne zu den Hauptnutznießern gehören, und investiert oft in genau jene Unternehmen, die sie auch finanziert; sie hat ein Interesse an der fortlaufenden Rentabilität dieser Unternehmen.

Der Bericht *Global Justice Now* beschreibt dies als ein Konzernkarussell, bei dem die *BMGF* konsequent im Interesse der Konzerne handelt, und führt zur Untermauerung seiner Behauptung Folgendes an:

- Sue Desmond-Hellmann, CEO der *BMGF*, arbeitet 14 Jahre bei *Genentech*, einem führenden Unternehmen der Gesundheitsbiotechnologie, und war danach Rektorin der *University of California* in San Francisco, wo sie »den Aufbau von Forschungspartnerschaften mit Branchenführern wie *Pfizer* und *Bayer* unterstützte«.
- Leigh Morgan, Betriebsleiterin (COO) bei *BMGF*, arbeitete zuvor bei *GlaxoSmithKline* und *Genentech*.
- Emilio Emini kam 2015 als Direktor des HIV-Programms zur *BMGF*, nachdem er als Wissenschaftlicher Leiter und Senior Vizepräsident der Impfstoffforschung und -entwicklung bei *Pfizer* tätig war. Während seiner Zeit bei *Pfizer* war er bereits »ein leitender Berater des HIV-Teams der Gates Foundation«. Zuvor war Emini Gründungsdirektor der Abteilung für Antivirenforschung bei *Merck* und Vizepräsident der Impfstoff- und Biologikaforschung bei *Merck*.

- Keith Chirgwin, stellvertretender Direktor für Regulatorische Fragen bei der *BMGF*, war zuvor Vizepräsident bei *Merck Research Labs*.
- Penny Heato, die die Impfstoffentwicklung bei der *BMGF* leitet, war zuvor Global Head of Clinical Research and Development Clusters bei *Novartis Vaccines and Diagnostics* und Senior Director of Vaccines Clinical Research bei *Merck Research Laboratories*.
- Trevor Mundel, Präsident von *Global Health* bei der *BMGF*, der die Abteilung Forschung und Gesundheit, Impfstoffe und Arzneimittel der Stiftung leitet, war zuvor in der klinischen Forschung bei *Pfizer* tätig.

Die Landwirtschafts- und Kommunikationsabteilung der Stiftung beschäftigt ehemalige Führungskräfte aus der Agrarindustrie:

- Rob Horsch, der das landwirtschaftliche Forschungs- und Entwicklungsteam leitet, arbeitete 25 Jahre lang bei *Monsanto*, bevor er der *BMGF* beitrat.
- Sam Dryden, Leiter des Bereichs Landwirtschaftliche Entwicklung bei der *BMGF*, arbeitete zuvor für *Monsanto*, *Union Carbide* (wo er beim Aufbau von *Dow AgroSciences* half, einem der weltweit größten GV-Kulturpflanzenunternehmen) und leitete zwei der weltweit größten GV-Saatgutunternehmen. Außerdem war er CEO von *Emergent Genetics*, dem drittgrößten Baumwollsaatgutunternehmen der USA, das 2005 an *Monsanto* verkauft wurde. Dryden verstarb 2017.
- Miguel Veiga-Pestana, Leiter der Kommunikation bei der *BMGF*, war zuvor Vizepräsident für Globale Nachhaltigkeitsstrategie und externe Anwaltschaft bei *Unilever*. (Pestana hat die *BMGF* inzwischen verlassen.)

Weitere Unternehmen, in die die Gates Foundation investiert hat (ab 2014, zitiert im Bericht *Global Justice Now*), sind die Bergbauunternehmen *Barrick Gold, BHP Billiton, Freeport-McMoRan, Glencore, Rio Tinto, Vale* und *Vedanta*. In Indien hat *Vedanta* versucht, in den Niyamgiri-Hügeln der Dongariya Gonds Bauxit abzubauen. Bislang ist es den Stämmen gelungen, ihren heiligen Berg zu schützen.

Wie aus einem Bericht im *Guardian* hervorgeht, ist die *BMGF* an den Kohlegiganten *Anglo American, BHP Billiton, Glencore Xstrata* und *Peabody Energy* sowie an den Ölgiganten *Shell, Conoco Phillips, Chevron, Total Petrobras, BP, Anadarko Petroleum* beteiligt. Im Juni 2015 hatte Gates angekündigt, dass er zwei Milliarden Dollar in erneuerbare Energieprojekte investieren werde. Im Oktober 2015 sagte er jedoch, dass der Ausstieg aus fossilen Brennstoffen »die falsche Lösung« sei, und warf gleichzeitig Umweltschützern vor, irreführende Behauptungen über den Preis von Solarstrom aufzustellen.

Die Stiftung investiert in die Agrobusiness-Unternehmen *Archer Daniels Midland, Kraft, Mondelez International, Nestlé* und *Unilever*. Zu den Chemie- und Pharmakonzernen mit Gates-Investitionen gehören *BASF, Dow Chemicals, GlaxoSmithKline, Novartis* und *Pfizer*; und die Getränkekonzerne *Coca-Cola, Diageo, Pepsico* und *SABMiller* erhalten ebenfalls Investitionsgelder von der *BMGF*. Im Jahr 2014 besaß Gates Aktien von *Coca-Cola* im Wert von 538 Millionen US-Dollar. Darüber hinaus nutzt die *BMGF* Subventionen, um örtliche Gemeinden zu ermutigen, mit *Coca-Cola* als Geschäftspartner zusammenzuarbeiten.

Ende 2014 hatte die Stiftung Investitionen in Höhe von 852 Millionen Dollar in den Baukonzern *Caterpillar* getätigt, das seit langem der Mittäterschaft an Menschenrechtsverletzungen in den besetzten palästinensischen Gebieten beschuldigt wird. *BAE Systems*, der größte Waffenexporteur Großbritanniens, ist ein weiteres Unternehmen, in das sie investiert hat. Die Stiftung hielt bis Dezember 2014 Anteile an *McDonald's* und ist noch immer an Lateinamerikas größter Fastfood-Kette *Arcos Dorados* beteiligt, dem weltweit größten *McDonald's*-Franchisenehmer, der 2.602 Restaurants betreibt.

Philanthropischer Kapitalismus

Das Gates-Modell des Philanthropie-Kapitalismus hat wenig mit Wohltätigkeit und Spenden zu tun und dafür um so mehr mit Profit, Kontrolle und Übernahme. Es ist ein Wirtschaftsmodell für Investitionen und ein politisches Modell für Kontrolle, das Vielfalt, Demokratie und Alternativen zum Schweigen bringt und ausradiert. Neue Märkte und neue Monopole werden durch Dominanz in Form von Hilfsleistungen erschlossen.

Auf der 64. Weltgesundheitsversammlung in Genf am 16. Mai 2011 gab Gates zu, dass die Stiftung die Forschung an Impfstoffen finanziere und anschließend Patente darauf erwerbe. Er sagte: »In Bezug auf geistiges Eigentum ist das, was wir tun, eigentlich ganz einfach: Wir finanzieren Forschung, und wir selbst oder unsere Partner schaffen geistiges Eigentum, so dass alles, was mit Hilfe der Stiftungsgelder erfunden wird und in reichere Länder geht, sich auch tatsächlich auszahlt.«[72]

Gates hat Geld zur Bekämpfung der Ebola-Epidemie in Afrika gespendet, und er, die *Centers for Disease Control and Prevention* (*CDC*) in Atlanta und die *National Institutes of Health* (*NIH*) besitzen Patente auf den Ebola-Impfstoff. Auf dem G20-Gipfel in Hamburg am 8. Juli 2017 wurde von allen Krankheiten der Welt ausgerechnet Ebola herausgegriffen, was zeigt, wie sehr er die Agenda der »Entwicklungs«-Finanzierung bestimmt.[73]

Der Bericht *Global Justice Now* warnt:

> *Gated Development* zeigt, dass der Trend, die Wirtschaft in die Bekämpfung von Armut und Ungleichheit einzubeziehen, für die Prioritäten und die Finanzierung der *Bill & Melinda Gates Foundation* von zentraler Bedeutung ist. Wir meinen, dass dies eine keineswegs neutrale karitative Strategie ist, sondern vielmehr eine ideologische Verpflichtung zur Förderung neoliberaler Wirtschaftspolitik und der Globalisierung von Konzernen. Big Business profitiert direkt von den Aktivitäten der Stiftung, insbesondere in den Bereichen Landwirtschaft und Gesundheit, obwohl bewiesen ist, dass Business-Lösungen nicht die effektivsten sind.

> Das vielleicht Auffälligste an der *Bill & Melinda Gates Foundation* ist, dass es trotz ihrer aggressiven Unternehmensstrategie und ihres außerordentlichen Einflusses auf Regierungen, Wissenschaftler und Medien keine kritischen Stimmen gibt. *Global Justice Now* ist besorgt darüber, dass der Einfluss der Stiftung so allgegenwärtig ist, dass viele Akteure der internationalen Entwicklung, die sonst die Politik und Praxis der Stiftung kritisieren würden, aufgrund der Finanzierung durch die Stiftung und ihrer Schirmherrschaft nicht in der Lage sind, sich unabhängig zu äußern.

Gated Development berichtet weiter: »Ein großes Problem bei der Fokussierung auf Technologie ist, dass die BMGF, zusammen mit anderen philanthropischen Stiftungen, die Hilfspolitik immer weiter weg von der Priorisierung von Rechten und Gerechtigkeit hin zu einer technokratischen ›autoritären Entwicklung‹ umgestaltet.« So erklärte Bill Gates in seinem Jahresbrief 2015, dass es in den nächsten 15 Jahren zu großen Durchbrüchen in armen Ländern kommen wird, die »durch Innovationen in der Technologie vorangetrieben werden – von neuen Impfstoffen und widerstandsfähigeren Nutzpflanzen bis hin zu viel billigeren Smartphones und Tablets – und durch Innovationen, die helfen, diese Dinge mehr Menschen zugänglich zu machen«.

Eine Geschichte: eine Illusion, konstruiert von dem 1 %

> Alles verblasste zu Nebel. Die Vergangenheit wurde ausgelöscht, die Auslöschung wurde vergessen, die Lüge wurde Wahrheit.
>
> George Orwell

> Der Kampf des Volkes gegen die Macht ist der Kampf der Erinnerung gegen das Vergessen.
>
> Milan Kundera

Das Ausradieren, Auslöschen ist ein wesentliches Element bei der Errichtung der Geldmaschine und der Illusion von Demokratie, die hilft, die Geldmaschine in Gang zu halten. Dies schließt das Ausradieren unseres vielfältigen Wissens ein sowie unserer vielfältigen Ökonomien, unserer vielfältigen Demokratien und unserer vielfältigen Geschichte. Dies wiederum führt gleichzeitig zur Tilgung des Potentials unserer Verschiedenheit, die Möglichkeit, in wechselseitiger Abhängigkeit und Zusammenarbeit nebeneinander zu existieren und zum gemeinsamen Wohlstand, zum Gemeinwohl beizutragen. Und es geht auch um die Tilgung der Erinnerung an die Gewalt der Kolonialisierung in Vergangenheit und Gegenwart. Die Gewalt wird als Fortschritt »naturalisiert«, und die Auslöschung, die es in jeder Phase der Kolonialisierung gibt, als »Gestaltung«. Sie tilgt den Zusammenhang zwischen dem Reichtum und der Macht des Kolonisators und der Armut und Marginalisierung der Kolonisierten.

»Entwicklung« ist Teil dieser Erzählung, die auf Rostows »Wachstumsstadien« beruht. Sie nennt die durch den Kolonialismus geschaffene Armut »Unterentwicklung« und bietet die weitere Kolonialisierung durch von außen kontrollierte und geförderte »Entwicklung« als Lösung für diese Armut an.

Schurkenstücke

Zu den unverantwortlichsten Experimenten, die Gates forciert, gehört das Geo-Engineering, das als militärisches Instrument zur Wetterveränderung begann und Teil der geostrategischen Kriegsführung war. Es handelt sich dabei um die bewusste Veränderung von Wetter und Klima, also um Eingriffe in das Klimasystem der Erde. Zu den Techniken gehören das *Solar Radiation Management* (*SRM*) sowie andere Eingriffe in das Erdsystem unter dem Vorwand der Kohlendioxidminderung (*CDR*) oder der Beseitigung von Treibhausgasen (*GGR*).

Gates und andere Milliardäre finanzieren sowohl Geo-Engineering-Experimente als auch Lobbyarbeit bei Regierungen, um diese Experimente auf globaler Ebene durchführen zu können. Wie aus einem Bericht des *Guardian* hervorgeht, erhielt die US-Regierung in den Jahren 2009 bis 2010 Anträge auf in Höhe von über zwei Milliarden Dollar für die Geo-Engineering-Forschung, gab aber nur rund 100 Millionen Dollar aus.[74]

In dem Bericht heißt es, dass die Professoren David Keith von der *Harvard University* und Ken Caldeira von der *Stanford University* über 4,6 Millionen Dollar von Gates erhielten, um den Fonds für innovative Klima- und Energieforschung (*FICER*) zu verwalten. Der Bericht führt weiter aus, dass Professor Keith laut seiner Erklärung zu finanziellen Interessen jedes Jahr eine nicht offengelegte Summe von Bill Gates erhält und Präsident und Mehrheitseigentümer des 2009 gegründeten Geo-Engineering-Unternehmens *Carbon Engineering* ist, an dem Gates und ein weiterer privater Investor, Murray Edwards, große Anteile – zusammen über zehn Millionen Dollar – halten sollen. Der *Guardian* erläutert, dass ein weiteres Unternehmen von Edwards, *Canadian Natural Resources*, Pläne hat, 25 Milliarden Dollar zu investieren, um den bitumenhaltigen Sand, der in Nord-Alberta gefunden wurde, in Fässer mit Rohöl zu verwandeln. Caldeira sagt, dass er pro Jahr 375.000 Dollar von Gates erhält, ein Patent auf Kohlenstoffabscheidung besitzt und für *Intellectual Ventures* arbeitet, ein privates Geo-Engineering-Forschungsunternehmen, das sich zum Teil im Besitz von Gates befindet und von Nathan Myhrvold, dem ehemaligen Technologiechef von *Microsoft*, geleitet wird.

Wie Diana Bronson von *ETC* (Action Group on Erosion, Technology and Concentration) im *Guardian* sagt:

> Es gibt eindeutige Interessenskonflikte bei vielen an der Debatte Beteiligten. Wirklich beunruhigend dabei ist, dass dieselbe kleine Gruppe, die sich mit risikoreichen Technologien beschäftigt, die den Planeten geotechnisch verändern werden, gleichzeitig versucht, die Diskussion um internationale Regeln und Vorschriften zu bestimmen. Wir können dem Fuchs nicht die Verantwortung für den Hühnerstall übertragen.

Clive Hamilton, Professor für öffentliche Ethik am Zentrum für angewandte Philosophie und öffentliche Ethik an der *Charles-Stuart-Universität* und Autor von *Earthmasters: The Dawn of the Age of Climate Engineering* schreibt in seinem Blog für *The Guardian*:

> Die Öko-Clique betreibt Lobbyarbeit für eine enorme Finanzspritze aus öffentlicher Hand in die Geo-Engineering-Forschung. Sie dominiert praktisch jede Untersuchung über Geo-Engineering. Sie ist bei fast allen Expertenberatungen dabei. Sie stellte die führenden Berater bei parlamentarischen Erhebungen und Kongressuntersuchungen, und ihre Ansichten werden aller Wahrscheinlichkeit nach die Beratungen des Zwischenstaatlichen Ausschusses für Klimaveränderungen (*IPCC*) der *UNO* beherrschen, der sich zum ersten Mal mit dem wissenschaftlichen und ethischen Streit um Geo-Engineering auseinandersetzt.

Bill Gates hat mindestens 4,5 Millionen Dollar seines eigenen Geldes für die Untersuchung von Methoden bereitgestellt, die die Stratosphäre durch Reflexion der Sonnenstrahlung und Aufhellung der Ozeanwolken verändern könnten. *Intellectual Ventures* hat Patente auf Techniken zum Geo-Engineering der Stratosphäre angemeldet. Zusammen mit Beamten dieser Organisation beantragte Gates 2008 ein Patent, um Hurrikane abzuschwächen, indem Oberflächen- und Tiefseewasser vermischt werden.

Gated Development berichtet: »Ein kürzlich veröffentlichter Bericht von *The Lancet* und dem *University College London* kam zu dem Schluss, dass die Klimaveränderung ›die größte globale Gesundheitsbedrohung des 21. Jahrhunderts‹ ist.« Anstatt sich auf die Umweltverschmutzung und die anthropogenen Faktoren, die die Klimaveränderungen vorantreiben, zu konzentrieren, geht man davon aus, dass das Problem der Klimazerrüttung darin besteht, dass die Sonne auf die Erde scheint. Alle Geo-Engineering-Lösungen für den Klimawandel sind vereinfachend und nicht-ökologisch und konzentrieren sich darauf, die Sonne abzuschirmen, entweder indem das

Sonnenlicht durch Spiegel am Himmel zurückreflektiert wird oder indem künstliche Vulkane geschaffen oder Aerosole versprüht werden. Aber die Sonne ist nicht das Problem. Fossile Brennstoffe und das auf fossilen Brennstoffen beruhende industrielle System und vor allem die industrielle Landwirtschaft sind die Probleme. Die Sonne ist unverzichtbar, denn ohne sie gäbe es keine Photosynthese, kein Leben, keine Nahrung.

Die Klimaveränderung ist nicht nur die globale Erwärmung, auf die eine mechanistische »globale Abkühlung« durch lebenszerstörende Geo-Engineering-Experimente die Antwort sein kann. Die Klimakrise ist eine Zerrüttung der Prozesse auf der Erde, die das Klima regulieren. Die Folge dieser Zerrüttung ist ein Klimachaos und extreme und unvorhersehbare Ereignisse. Geo-Engineering wird diese Zerrüttung nur noch verschlimmern.

In einem Beitrag auf einer Geo-Engineering-Konferenz zum Thema Ethik mahnt Jane Long (Direktorin des *Lawrence Livermore National Laboratory* in den USA): »Wir müssen uns vor Sonderinteressen in acht nehmen [und] sicher sein, dass Entscheidungen nicht von Parteien beeinflusst werden, die durch die Entscheidung, das Klima zu verändern, beträchtliche Geldsummen verdienen könnten, insbesondere, wenn sie geschütztes geistiges Eigentum verwenden.«[75]

Wenn unser Zeitalter als Anthropozän bezeichnet wird, bezieht es sich auf die Macht des Menschen, die ökologischen Prozesse der Erde empfindlich zu stören. Aber es wäre arrogant und unverantwortlich zu behaupten, dass diese Macht zu zerstören, einigen privilegierten Menschen das Recht gibt, die Ressourcen, Prozesse und Systeme der Erde zu vereinnahmen und dabei die Kreativität, Selbstorganisation und Vielfalt der Lebewesen und Lebenssysteme zu negieren. Die Natur ist mehr als ein menschliches Konstrukt oder ein Objekt zur menschlichen Manipulation und zum kurzfristigen Nutzen. Nein, sie ist die schöpferische Kraft des Universums. Am Leben zu sein bedeutet, im Ökozän zu leben.

Ich bezeichne als Ökozän sowohl den ökologischen Prozess der Erde und der Biosphäre, der das Leben gestaltet, nährt und erhält, als auch das zunehmende Bewusstsein unter den Menschen, dass wir Erdenbürger sind, Teil der Erdengemeinschaft. Dazu gehört das Bewusstsein, dass die Erde Rechte hat und dass wir die Pflicht haben, für sie, ihre Geschöpfe und unsere Mitmenschen zu sorgen. Und es gehört dazu, die Fehler, falschen Annahmen und Beschränkungen des mechanistischen Verstandes zu korrigieren und zu überwinden.

Ich habe es bewusst vermieden, unsere Zeit als das Zeitalter des Anthropozäns zu bezeichnen, denn eine anthropozentrische Weltsicht hat einen Großteil der ökologischen Zerstörung unserer Zeit verursacht. Den Menschen weiterhin in den Mittelpunkt des Denkens zu stellen, bedeutet, die menschliche Hybris aufrechtzuerhalten. Darüber hinaus geht der Anthropozentrismus Hand in Hand mit dem Ethnozentrismus und den Paradigmen, die im Westen mit dem Aufkommen von Kolonialismus, Industrialismus und Kapitalismus entstanden sind. Die Herrschaft des 1 % ist ein Hyper-Anthropozentrismus, der nicht nur die Rechte aller nicht-menschlichen Wesen, sondern auch die der meisten Menschen ausschließt.

Der Weltumwelttag 2017 stand ganz im Zeichen des Ausstiegs von US-Präsident Donald Trump aus dem Pariser Abkommen. Was bedeutet Trumps Arroganz für die internationalen Verpflichtungen zum Schutz der Erde, für eine Zukunft, die auf ökologischer Gerechtigkeit beruht, für die Aussaat der Samen der Erddemokratie? Umweltgesetze auf nationaler Ebene wurden in den 1970er Jahren geschaffen, um die Erde vor Schaden zu bewahren, und – weil wir auf der Erde leben – auch die Menschen vor Schaden zu bewahren.

1992 verabschiedete die internationale Gemeinschaft auf dem Erdgipfel in Rio de Janeiro zwei wichtige ökologische Prinzipien – das Vorsorgeprinzip und das Verursacherprinzip – und unterzeichnete zwei rechtsverbindliche Abkommen: die *CBD* und die UN-Klimarahmenkonvention (*UNFCC*).

Beide Verträge wurden von den aufkommenden ökologischen Wissenschaften und der sich vertiefenden Ökologiebewegung geprägt. Der eine war eine wissenschaftliche Antwort auf die ökologische Verschmutzung durch fossile Brennstoffe. Der zweite die wissenschaftliche Antwort auf die genetische Verschmutzung durch GVO und die Erosion der biologischen Vielfalt durch die Ausbreitung industrieller, chemieintensiver Monokulturen. Drei Jahre nach Rio kam die Leipziger UN-Konferenz über pflanzengenetische Ressourcen zu dem Schluss, dass 75 Prozent der biologischen Vielfalt aufgrund der Grünen Revolution und der industriellen Landwirtschaft verschwunden sind. Interdisziplinäre Wissenschaft und demokratische Bewegungen gaben den Anstoß für das Umweltvölkerrecht. Wissenschaft und Demokratie sind nach wie vor die Kräfte, die die schreckliche Bedrohung der Erde durch die Gier der Konzerne hinterfragen.

Beim Thema Klimawandel geht es vor allem darum, die Emissionen zu reduzieren und Strategien zur Anpassung zu entwickeln. Bei der Erhaltung der biologischen Vielfalt geht es um die Biosicherheit sowie um die Einführung und Förderung von Praktiken, die die biologische Vielfalt erhalten.

Ein Projekt, das sowohl die Oberflächlichkeit von Gates Ideen als auch seinen Willen veranschaulicht, Natur und Gesellschaft zu kontrollieren (oder dies durch eine Maschine erledigen zu lassen), ist das Projekt »Big History«, zu dem er Berichten zufolge zehn Millionen Dollar beigetragen hat. Das Projekt ist von Videos inspiriert, die der australische Professor David Christian produziert hat und die Gates beim Training auf seinem Laufband anschaute. In Christians Videos geht es nicht um Geschichte, sondern darum, die menschliche Geschichte durch eine lineare, technokratische Vision einer Gesellschaft zu ersetzen, die auf genetischem Determinismus beruht. Es gibt keine Menschen in Christians Geschichtsdarstellung, keine Kulturen, keine Kolonialisierung, keine Konzerne, keine Milliardäre, die eine Wirtschaft für das 1 % betreiben. Big History ist nichts weiter als eine mechanistische, reduktionistische, technokratische Erzählung von Macht und Kontrolle. Es ist eine Geschichte, um eine Zukunft für das 1 % zu schaffen, durch das 1 %, für das 1 %. Es ist die Neuschreibung der Geschichte für Big Money. Wie Katherine Edwards in ihrem Artikel *Warum das Big History Project von Bill Gates finanziert wird*[76] schreibt:

> …der alarmierendste Aspekt ist nicht der Inhalt dessen, was Gates und Christian vorschlagen, sondern die Tatsache, dass jemand ohne geschichtliches oder pädagogisches Hintergrundwissen eines Morgens auf dem Laufband zufällig auf eine Idee stößt, und bald darauf wird die Erziehung Tausender Kinder umgemodelt. Sie soll mit dessen neuester Marotte in Einklang gebracht werden – aufgrund der enormen wirtschaftlichen Macht, die er besitzt.
>
> Im Vereinigten Königreich folgt das staatliche Bildungswesen rasch dem US-Modell, wird immer stärker kommerzialisiert und von demokratischen Rechenschaftspflichten abgekoppelt. Kommunalen Schulen werden von Maklern Bestechungsgelder angeboten, damit sie zu Akademien werden, und das Bildungsministerium weigerte sich, gewinnorientierte staatliche Schulen zu verbieten. Vor kurzem mussten wir erleben, wie eine Bildungsministerin aus einer Laune heraus einen Geschichtslehrplan entwarf. Vielleicht wird es beim nächsten Mal ein nicht gewählter Milliardär sein.

Bill Gates hat ein äußerst begrenztes Vokabular – »Innovation«, »Technologie« und »Investitionen«. Es verrät, wie seine Vorstellungskraft von Macht und Kontrolle, von Geld und Technologie geprägt ist.

Vielfältige Stimmen und Meinungen sind das Herzstück von Freiheit und Demokratie. Wenn Menschen frei sind, haben sie eine Stimme. Wenn Gesellschaften demokratisch sind, werden ihre Stimmen gehört. Wenn Gesellschaften undemokratisch werden, werden die Stimmen unterdrückt und zum Schweigen gebracht. Big Money bedroht die Demokratie, indem es die verschiedenen Stimmen der Menschen zum Schweigen bringt, indem es die Nachrichten, die Medien und folglich die öffentliche Meinung kontrolliert und manipuliert. Die *eine* Geschichte ist die Neuschreibung von Geschichte, das Fälschen der Realität, die Unterdrückung der realen Stimmen realer Menschen, um einen Resonanzraum für künstlich erzeugte, digital gesteuerte Narrative zu schaffen.

Die Gates-Geschichte des 1 % ist keine allgemeingültige Geschichte

In Bill Gates' Universalgeschichte kommen Ökologie und Ökosysteme nicht vor. Es existiert nur ein Projekt: das zur Beherrschung und Kontrolle durch Gentechnik, die auf Reduktionismus beruht, sowie auf Geo-Engineering und der Konstruktion von Geschichte.

Öko-Apartheid, die Illusion unserer Trennung von der Natur, ist die alte Geschichte des mechanistischen Zeitalters; Big History führt diese gewaltsame Trennung fort. Wir brauchen die Geburt des Ökozäns oder das, was Thomas Berry »das ökozoische-Zeitalter« nennt, in dem wir erkennen, dass wir Erdenbürger sind, Mitglieder der Erdengemeinschaft. Diese neue Geschichte wird von einer sich erneuernden Menschheit geschrieben, indem sie sich von fossilen Brennstoffen und GVO und aus den Käfigen und Gefängnissen des mechanistischen Reduktionismus befreit; indem sie sich vom mechanistischen Denken, der Geldmaschine und der von der Geldmaschine betriebenen Pseudodemokratie befreit, die uns unserer Geschichte und unserer Freiheiten, unserer Selbstorganisation und unserer Zukunft beraubt. Unsere Zukunft und unsere Freiheiten beruhen auf unseren unterschiedlichen Geschichten. Die Kolonialisierung durch das 1 % beruht auf der Auslöschung unserer jeweiligen Geschichte, unseres kollektiven Gedächtnisses, unserer Vorstellungskraft, aus denen unsere Bestrebungen und Handlungen erwachsen. Menschen auf der ganzen Welt schreiben eine neue Geschichte, sie erkennen die Brutalität der alten und neuen Kolonialisierung, erkunden neue Wege, um das Lokale mit dem Planetaren zu verbinden; sie verbinden die vielen Schöpfungsgeschichten unserer unterschiedlichen Kulturen miteinander und verbinden unsere Kreativität und Intelligenz mit der Kreativität und Intelligenz aller anderen Lebewesen. Es ist die im Entstehen begriffene Geschichte einer Menschheit auf einem Planeten, die sich weigert, sich kolonialisieren zu lassen, die sich entschlossen für die Verteidigung unserer vielfältigen miteinander verbundenen Freiheiten einsetzt.

Tabelle: Aktionäre des Giftkartells[77]

E.I. du Pont de Nemours & Co.

Name	*Aktien*	*%*
Capital Research & Management Co. (World Investors)	89.838.822	10,3 %
The Vanguard Group, Inc.	52.755.202	6,05 %
SSGA Funds Management, Inc.	38.789.007	4,45 %
BlackRock Fund Advisors	33.622.081	3,86 %
Trian Fund Management, LP	20.224.075	2,32 %
T. Rowe Price Associates, Inc.	19.109.105	2,19 %
Fidelity Management & Research Co.	18.960.764	2,18 %
Highfields Capital Management, LP	12.620.256	1,45 %
Northern Trust Investments, Inc.	11.366.263	1,30 %
DuPont Capital Management Corp.	9.969.322	1,14 %

Dow Chemical Co.

Name	*Aktien*	*%*
Die Vanguard Group, Inc.	70.516.634	6,31 %
SSGA Funds Management, Inc.	44.053.093	3,94 %
BlackRock Fund Advisors	42.062.990	3,77 %
Capital Research & Management Co. (World Investors)	32.879.668	2,94 %
Third Point, LLC	25.250.000	2,26 %
Capital Research & Management Co. (Global Investors)	16.365.000	1,46 %
Wellington Management Co. LLP	13.675.361	1,22 %
Northern Trust Investments, Inc.	13.313.627	1,19 %
Capital Research & Management Co. (International Investors)	12.624.713	1,13 %
Franklin Advisers, Inc.	12.595.870	1,13 %

Monsanto Co.

Name	*Aktien*	*%*
Capital Research & Management Co. (Global Investors)	30.009.458	6,81 %
The Vanguard Group, Inc.	29.253.433	6,64 %
SSGA Funds Management, Inc.	18.449.843	4,19 %
BlackRock Fund Advisors	16.938.069	3,85 %
Massachusetts Financial Services Co.	14.319.095	3,25 %
Glenview Capital Management, LLC	14.078.428	3,20 %
Fidelity Management & Research Co.	13.454.547	3,06 %
Sands Capital Management, LLC	11.854.253	2,69 %
PRIMECAP Management Co.	11.630.397	2,64 %
Davis Selected Advisers LP	8.233.266	1,87 %

Syngenta AG

Name	*Aktien*	*%*
Die Vanguard Group, Inc.	1.795.568	1,93 %
Norges Bank Investment Management	1.676.873	1,80 %
Northern Cross, LLC	1.652.177	1,78 %
Jupiter Asset Management Ltd.	1.644.440	1,77 %
Fidelity Management & Research Co.	1.580.300	1,70 %
UBS AG (Investment Management)	1.458.502	1,57 %
Artisan Partners LP	1.423.007	1,53 %
Credit Suisse Group AG	1.257.852	1,35 %
Capital Research & Management Co. (World Investors)	1.219.000	1,31 %
Syngenta AG	1.157.146	1,25 %

Bayer AG

Name	*Aktien*	*%*
Capital Research & Management Co. (World Investors)	19.308.166	2,33 %
Die Vanguard Group, Inc.	16.722.949	2,02 %
Lyxor International Asset Management SAS	15.828.584	1,91 %
Norges Bank Investment Management	14.100.744	1,71 %
State Street Global Advisors Ltd.	13.990.546	1,69 %
BlackRock Fund Advisors	13.399.616	1,62 %
Massachusetts Financial Services Co.	13.024.482	1,58 %
BlackRock Asset Management Deutschland AG	12.404.565	1,50 %
Amundi Asset Management SA (Investment Management)	10.021.629	1,21 %
Dodge & Cox	8.718.170	1,05 %

Potash Corp. of Saskatchewan, Inc.

Name	*Aktien*	*%*
RBC Global Asset Management, Inc.	51.034.808	6,10 %
Fiduciary Management, Inc.	32.426.519	3,87 %
First Eagle Investment Management LLC	29.074.788	3,47 %
Capital Research & Management Co. (World Investors)	23.529.769	2,81 %
Capital Research & Management Co. (Global Investors)	15.771.000	1,88 %
Capital Research & Management Co. (Int'l Investors)	15.318.560	1,83 %
The Vanguard Group, Inc.	13.085.152	1,56 %
Fidelity Management & Research Co.	12.911.995	1,54 %
TD Asset Management, Inc.	12.807.452	1,53 %
CIBC World Markets, Inc.	12.155.726	1,45 %

Sumitomo Chemical Co., Ltd.

Name	*Aktien*	*%*
Sumitomo Life Insurance Co.	71.000.000	4,29 %
Marathon Asset Management LLP	65.974.000	3,99 %
Nippon Life Insurance Co.	41.031.000	2,48 %
Sumitomo Mitsui Financial Group, Inc.	38.453.000	2,32 %
Nomura Asset Management Co.	33.742.361	2,04 %
Sumitomo Life Insurance Pension Fund	29.000.000	1,75 %
The Vanguard Group, Inc.	27.800.990	1,68 %
Japan Agricultural Cooperatives	21.825.000	1,32 %
BlackRock Fund Advisors	21.080.000	1,27 %
Norges Bank Investment Management	20.909.280	1,26 %

Akzo Nobel N.V.

Name	*Aktien*	*%*
Causeway Capital Management, LLC	16.138.607	6,52 %
Massachusetts Financial Services Co.	12.765.488	5,16 %
Dodge & Cox	7.263.401	2,93 %
The Vanguard Group, Inc.	5.012.124	2,02 %
UBS Asset Management (UK) Ltd.	4.794.611	1,94 %
Templeton Global Advisors Ltd.	4.260.470	1,72 %
Norges Bank Investment Management	3.942.002	1,59 %
BlackRock Investment Management, LLC	3.377.093	1,36 %
BlackRock Fund Advisors	2.896.876	1,17 %
Capital Research & Management Co. (Global Investors)	2.882.000	1,16 %

3M Co.

Name	*Aktien*	*%*
SSGA Funds Management, Inc.	45.251.374	7,47 %
Die Vanguard Group, Inc.	40.626.344	6,71 %
BlackRock Fund Advisors	23.991.424	3,96 %
Massachusetts Financial Services Co.	17.224.573	2,84 %
State Farm Investment Management Corp.	11.131.700	1,84 %
Northern Trust Investments, Inc.	8.615.287	1,42 %
Fidelity Management & Research Co.	8.555.801	1,41 %
First Eagle Investment Management, LLC	6.252.458	1,03 %
Norges Bank Investment Management	5.858.227	0,97 %
U.S. Bancorp Asset Management, Inc.	5.575.819	0,92 %

Intrepid Potash, Inc.

Name	*Aktien*	*%*
Bayer AG		
Capital Research & Management Co. (Global Investors)	19.308.166	2,33 %
The Vanguard Group, Inc.	16.722.949	2,02 %
Lyxor International Asset Management SAS	15.828.584	1,91 %
Norges Bank Investment Management	14.100.744	1,71 %
State Street Global Advisors Ltd.	13.990.546	1,69 %
BlackRock Fund Advisors	13.399.616	1,62 %
Massachusetts Financial Services Co.	13.024.482	1,58 %
BlackRock Asset Management Deutschland AG	12.404.565	1,50 %
Amundi Asset Management SA (Investment Management)	10.021.629	1,21 %
Dodge & Cox	8.718.170	1,05 %

BASF Corporation

Name	*Aktien*	*%*
The Vanguard Group, Inc. zum 31. März 2016	1,80m	1,93 %
Norges Bank Investment Management zum 31. Dezember 2015	1,68m	1,80 %
Northern Cross, LLC zum 31. Januar 2016	1,65m	1,78 %
Fidelity Management & Forschung Co. zum 29. Februar 2016	1,65m	1,78 %
Capital Research & Management Co. (Global Investors) zum 31. Januar 2016	1,65m	1,77 %
Jupiter Asset Management Ltd. zum 29. Januar 2016	1,64m	1,77 %
UBS AG (Investment Management) zum 05. April 2016	1,46m	1,57 %
Artisan Partners LP zum 31. März 2016	1,42m	1,53 %
Credit Suisse Group AG zum 07. April 2016	1,26m	1,35 %
Capital Research & Management Co. (World Investors) zum 31. Dezember 2015	1,22m	1,31 %

Kapitel 4

Wie das 1 % die Demokratie untergräbt

Die Menschheit steht an einem Scheideweg ihrer Evolution. Entweder entscheiden wir uns dafür, uns auf dem vom 1 % in den letzten 500 Jahren vorgezeichneten Weg weiter auf unser Aussterben zuzubewegen, oder wir entscheiden uns dafür, als Mitglieder der Erdengemeinschaft die Samen der Zukunft zu säen. Wir tun es im Bewusstsein und in der Überzeugung, dass unser Aussterben nicht unvermeidlich ist, dass wir das Potential haben, einen anderen Weg zu gehen, der von unserem Engagement für eine friedliche Ko-Evolution mit anderen Arten und Kulturen geprägt ist. Entweder werden wir Frieden mit der Erde schließen und unser zukünftiges Überleben sichern, indem wir uns bewusstwerden, dass wir auf der Erde und Teil von ihr sind, oder wir stehen als Menschheit vor unserem Aussterben, wobei wir Millionen anderer Arten ebenfalls ausrotten. Entweder werden wir Frieden mit der Vielfalt schließen oder das von der Vielfalt gewebte gemeinsame Gefüge zerstören und damit die Bedingungen für unsere weitere Existenz zunichte machen.

Wir können uns bewusst für den Weg des Einsseins entscheiden, indem wir unsere Verschiedenheit leben und feiern, die durch die Bande des Mitgefühls, der wechselseitigen Abhängigkeit und der Solidarität miteinander verbunden sind; oder wir können für kurze Zeit von dem 1 % versklavt leben, indem wir die Ohnmacht und Ausgrenzung verinnerlichen, die es erzeugt. Dann haben wir Angst vor Veränderungen und klammern uns an eine illusorische Sicherheit. Denn inzwischen wird unsere reale ökologische Sicherheit untergraben ebenso wie unsere reale soziale Sicherheit, die auf realen Beziehungen beruht; auf Beziehungsgeflechten, die durch eine Politik der Spaltung, des Hasses und der Angst zerstört werden. Es ist die Wahl zwischen »Freiheit durch Einssein« oder »Sklaverei für das 1 %« – zwischen »am Leben bleiben« und »Ausrottung«.

Dass das Reale wieder Geltung bekommt, ist zu einer Voraussetzung für das weitere Überleben und die Entwicklung unserer Spezies geworden. In Illusionen zu leben, ist ein Luxus, den wir uns nicht mehr leisten können. Wir müssen uns bewusstwerden, dass die Regenerierung des Planeten und die Rückgewinnung der Menschlichkeit nicht zwei verschiedene Ziele sind, die auf unterschiedlichen Wegen erreicht werden: Denn die Erde und die menschliche Gesellschaft sind in einem untrennbaren, lebendigen, farbenfrohen Gewebe des Lebens miteinander verwoben.

Sich von dem 1 % und seinen Konstrukten zu befreien, ist nicht nur möglich, sondern notwendig. Es ist eine ökologische Notwendigkeit, weil uns die Weltanschauung der Trennung in Verbindung mit der Illusion einer grenzenlosen Ausbeutung der Natur an einen ökologischen Abgrund drängt. Es ist eine wirtschaftliche Notwendigkeit, weil die Welt des 1 % die 99 Prozent gefügig macht und unsere vielfältigen Schöpfungen, Potentiale und Möglichkeiten auslöscht. Es ist eine demokratische Notwendigkeit, weil die Herrschaft des 1 % eine gewalttätige Diktatur ist. Sie zerstört unsere Grundfreiheiten und die Freiheit aller Wesen, sich in einer miteinander verbundenen Welt, in einer Erdenfamilie zu entwickeln. Sie ist eine soziale Notwendigkeit, weil die Welt des 1 % unser soziales Wesen, unsere Gemeinschaften und unser Gemeingut zerstört, indem sie alles privatisiert und das Gemeingut einhegt, indem sie uns auf Konsumenten reduziert und uns auf der Grundlage von Geschlecht, Rasse und Religion spaltet. Es ist eine menschliche Notwendigkeit, weil die Teilhabe an einer Welt grenzenloser Gier, Gewalt und Macht und grenzenlosen Profits uns unserer Menschlichkeit beraubt. Sowohl die 1 %-Herrscher als auch die 99 Prozent entbehrlicher Menschen verlieren ihre Menschlichkeit. Gier, Angst und Hass gehen Hand in Hand und verstärken sich gegenseitig.

Die vergangenen viereinhalb Jahrzehnte galt meine Arbeit der Erhaltung der Ressourcen der Erde. Auf meinem intellektuellen Weg überwand ich den mechanistischen Verstand. Mein Engagement galt der Schaffung lebendiger Volkswirtschaften auf der Grundlage von Gewaltlosigkeit und echter Schaffenskraft; galt echten Demokratien auf der Grundlage echter Freiheit und lebendigen Kulturen, die auf Liebe und Mitgefühl gründen. Dabei habe ich mich immer an Indiens Kampf für die Befreiung vom British Empire orientiert und mich von den Lehren Gandhis inspirieren lassen. Sie ermutigten mich, in Zeiten der Hoffnungslosigkeit zu handeln; Räume zu öffnen, wenn alles aussichtslos schien; Mitgefühl und Solidarität zu kultivieren in Zeiten von Gier, Angst und Hass; unsere Macht zurückzufordern, wenn uns gesagt wird, dass Macht das Monopol derjenigen ist, die ihre (falsche) Macht allein vom Geld ableiten.

Auch wenn sich die Zeiten geändert haben, bleiben die Muster der Kolonialisierung gleich: Gewalt, Zerstörung der Freiheiten und Wirtschaft der Menschen, Übernahme von Dingen, die ihnen nicht gehören, Eintreiben ungerechter Abgaben, Schaffung von Konstrukten des Teilens und Herrschens. Auch die Muster von Befreiung und Freiheit sind beständig, sie säumen den Weg zum Wiedererstehen des Realen.

Die Ketten der Unfreiheit sind heute global. Sie kontrollieren jede Dimension unseres Lebens durch ein gefestigtes System, das vom mechanistischen Verstand und der Geldmaschine entworfen wurde. Die Kontrolle wird durch die Konstruktion von Illusionen ausgeübt, durch Konvergenz und Konzentration, durch das Auferlegen von Gesetzen, die das freie Funktionieren der Geldmaschine ermöglichen, weil Alternativen, die auf wirklicher Freiheit beruhen, verboten sind.

Die drei Prinzipien Gandhis, die der Mahatma im Laufe der Geschichte seiner Kämpfe und für die Durchsetzung von Freiheitsrechten herauskristallisierte, waren meine Inspiration. *Swaraj*: Selbstorganisation, Selbstbestimmung, Freiheit als Autopoiesis; *Swadeshi*: Selbstversorgung und Schaffung lokaler Ökonomien; und *Satyagraha*: die Kraft der Wahrheit, des kreativen zivilen Ungehorsams.

Swaraj – das Wiedererstehen der wirklichen Freiheit für alle Wesen

Weil wir keine isolierten, atomisierten Teilchen, sondern miteinander verbundene Wesen sind, ist Freiheit unteilbar. Sie beruht auf Beziehung und ist mit allem verbunden. Die menschliche Freiheit ist untrennbar mit der Freiheit der Erde und den Rechten aller ihrer Wesen verbunden. Der Mensch ist weniger frei, wenn er die Natur und ihre Rechte missachtet. Die menschliche Freiheit ist unteilbar, sie schließt die Freiheit aller Hautfarben, Glaubensrichtungen, Geschlechter und Kulturen ein. Freiheit ist Selbstorganisation, Autopoiesis (= Prozess der Selbsterneuerung und -erhaltung eines Systems). Der Mangel an Freiheit äußert sich in einer von außen aufgezwungenen Uniformität: Allopoiesis (Fremdbestimmung und -steuerung).

Swaraj, Selbstbestimmung, Selbstverwaltung, ist die Grundlage echter Freiheit in Natur und Gesellschaft, die auf der untersten Ebene beginnt und sich von dort auf höhere Ebenen ausdehnt, weil sie das Gedeihen biologischer und kultureller Vielfalt ermöglicht. *Swaraj* bestimmte die indische Freiheitsbewegung, die sich nicht nur für politische, sondern auch für wirtschaftliche Freiheit einsetzte. Gandhis *Hind Swaraj* war für mich das beste Vorbild für reale Freiheit in Hinblick auf die Industrialisierung und das Empire. Dieses Prinzip ist für das Streben nach Freiheit in Zeiten der Dominanz von Konzernen noch wichtiger geworden. Gandhi schrieb *Hind Swaraj* 1909, vor mehr als einhundert Jahren, auf dem Weg von England nach Südafrika. Es wurde zuerst in den Kolumnen der *Indian Opinion* in Südafrika veröffentlicht; in der Ausgabe von 1921 schrieb er Folgendes als »Erläuterung«:

> Meiner Meinung nach ist es ein Buch, das man in die Hände eines Kindes legen kann. [...] Es lehrt Liebe anstelle von Hass. Es ersetzt Gewalt durch Aufopferungsbereitschaft. Es stellt Seelenkraft gegen rohe Gewalt...

Für Gandhi ist reale Zivilisation jene Verhaltensweise, die die Menschen auf den Pfad einer guten Lebensführung lenkt; und auf dieser Grundlage definierte er Freiheit: »Es ist *Swaraj*, wenn wir lernen, uns selbst zu regieren.« Das ist Autopoiesis im politischen Kontext.

Seiner Meinung nach ist eine Gesellschaft, die auf *Swaraj* gründet, eine echte Demokratie, da sie auf der Erkenntnis beruht, dass die Menschen ihr Schicksal selbst in die Hand nehmen. Sie beruht auf *Lok Shakti*, auf der Macht des Volkes. *Swaraj* beinhaltet nicht nur die periodische Rechenschaftspflicht der Regierung über Wahlen (die ohnehin von Big Money korrumpiert worden sind), es beinhaltet vielmehr die Freiheit von Herrschaft, Zwang und institutionalisierter Gewalt, welche einer zentralisierten Regierungsführung immanent ist.

Er vertrat die Auffassung, dass »Demokratie im wesentlichen die Kunst und Wissenschaft bedeuten muss, die gesamten physischen, wirtschaftlichen und spirituellen Ressourcen aller verschiedenen Teile des Volkes im Dienste des Gemeinwohls für alle einzusetzen«. Gandhi war mit dem modernen Staat zutiefst unzufrieden, da er von der Gesellschaft abgetrennt, zentralisiert, bürokratisch, von Vereinheitlichung besessen und vom Geist der Gewalt durchdrungen war. Er war der Ansicht, dass alle vorherrschenden Regierungsformen den modernen Staat als gegeben betrachten und nur unterschiedliche Organisationsformen desselben darstellen. Deshalb seien sie von Natur aus unfähig, seine strukturellen Mängel zu beheben.

Die Philosophie der partizipatorischen direkten Demokratie und des demokratischen Pluralismus weiß, dass unterschiedliche Gemeinschaften unterschiedliche Interessen haben und dass sie alle bei der Gestaltung des nationalen Rechts und der nationalen Politik legitime demokratische Rechte auf Teilhabe und Selbstbestimmung haben. Sie weiß, dass die repräsentative Demokratie unzureichend ist, um in der Ära der Globalisierung die Interessen der Menschen zu schützen.

Unter dem Einfluss von Konzernen handeln Regierungen zunehmend in deren Interesse. Die politische Macht spiegelt heute das oberste 1 % der Wirtschaftspyramide wider, welche die 99 Prozent und mit ihnen die Erde und ihre Arten vernichtet. Der Staat mutiert zu einem Konzern, der sich für das Wohlergehen der Konzerne einsetzt, jedoch die Menschen und den Planeten den Folgen des wirtschaftlichen, ökologischen und klimatischen Zusammenbruchs überlässt. Unsere Herausforderung besteht darin, nach Wegen zu suchen, um das herrschende politische System vom ausbeuterischen und nicht nachhaltigen Wirtschaftsmodell abzubringen.

Die Forderung nach ihren demokratischen Rechten wurde von indigenen Völkern zum Ausdruck gebracht: als das selbstbestimmte Recht auf landwirtschaftliche Biodiversität durch ihr Recht auf pflanzengenetische Ressourcen und das selbstbestimmte Recht auf nachhaltige Landwirtschaft. In Systemen, die durch patriarchalische Unterdrückung von Frauen, Vorherrschaft der Städte über ländliche Gebiete und die Herrschaft von Kolonisatoren über indigene Völker gekennzeichnet sind, erfordert der demokratische Pluralismus dringend die Einbeziehung von Gemeinschaften, die bisher ausgeschlossen waren. Dies würde mit Sicherheit sowohl die von inneren Ungleichheiten geprägten Gesellschaften als auch die Regierungsstrukturen in diesen Ländern verändern.

Die Philosophie des demokratischen Pluralismus ist sich auch des antidemokratischen Charakters von zentralisierten Nationalstaaten bewusst. Auf diesem beruhte in der Vergangenheit der staatliche Protektionismus. Gleichzeitig sieht sie das Aufkommen des Konzernprotektionismus und des Konzernüberwachungsstaates als reale Bedrohung der demokratischen Rechte und der wirtschaftlichen Lebensgrundlagen in jedem Land an. Bei dieser Betrachtungsweise erfordert der Kampf gegen eine solche Rekolonialisierung die Neuerfindung der nationalen Souveränität durch demokratische Prozesse, um nationale Systeme zu schaffen, die in Partnerschaft mit den lokalen Gemeinschaften handeln, um den natürlichen Reichtum und das geistige Erbe des Landes sowie die Selbstorganisation der Menschen zu schützen.

Volksbewegungen fordern, dass die Macht nicht in den Institutionen zentralisierter Nationalstaaten konzentriert werden darf.

Vielmehr muss diese in der gesamten Gesellschaft und unter einer Vielzahl von Institutionen gerecht verteilt sein, mit mehr Macht auf lokaler Ebene, die von lokalen Gemeinschaften und ihren Institutionen kontrolliert wird. Während die derzeitige Macht von der zentralisierten Kontrolle der Nationalstaaten übergeht auf die noch zentralisiertere Kontrolle globaler Konzerne und globaler Institutionen (wie der Welthandelsorganisation, WTO, der Weltbank und des IWF), drängt die demokratisch gesinnte Bevölkerung auf eine stärkere Lokalisierung, sowohl politisch als auch ökonomisch.

Politische Lokalisierung bedeutet, dass mehr Entscheidungen auf den lokalen Raum übertragen werden. Politische Dezentralisierung und Lokalisierung und Gandhis *Swaraj* bedeutet Kreislauf-Demokratie, in der die Macht in der Gesellschaft zirkuliert.

Teilhabe ist ein zentrales Element dieser neuen Demokratie, einer integrativen Demokratie für alle Menschen – unabhängig von Klasse, Geschlecht, Religion und Rasse. Sie besteht nicht bloß aus Repräsentanten. Sie beruht auf täglicher Teilhabe, nicht nur auf einer Abstimmung alle vier oder fünf Jahre. Sie beruht auf der Sorge für das Land und die Natur; auf der Teilhabe an Gemeinschaften und ihrer Pflege, Gemeinschaften, die mit Kraft und Solidarität handeln, um die Erde und die Gesellschaft zu schützen, wenn überall um uns herum die Demokratie untergraben wird.

Die alte Demokratie, die auf gewählten Repräsentanten beruht, entzieht dem Volk die direkte Macht. Angesichts von Landnahme, der Zerstörung der Lebensgrundlagen und der Zerrüttung unserer lebenserhaltenden Systeme und demokratischen Rechte, lässt sie den Menschen immer weniger Macht, ihr Land, ihr Leben, ihre Lebensgrundlagen und ihre Freiheiten zu schützen.

Wir müssen die Saat echter Freiheit in unserer Vorstellungskraft und in unserem täglichen Leben durch unser tägliches Handeln und in unseren zahlreichen vielfältigen Beziehungen säen. Die Saat der Freiheit liegt in unserem Denken und in unseren Händen. *Swaraj*, die selbstorganisierte Freiheit, beginnt tief in jedem von uns und schafft die Möglichkeit der Zusammenarbeit und die Kultivierung selbstverwalteter Gemeinschaften. Sie ermöglicht einen Umschwung von Mangel, Konkurrenz und Angst zum gemeinsamen Aufbau von Überfluss durch Teilen.

Das Wiedererstehen des Realen beginnt damit, dass wir aus den unsichtbaren Gefängnissen ausbrechen, die von dem 1 % institutionalisiert wurden, und uns unserer Verbundenheit mit anderen Wesen und anderen Menschen bewusstwerden, uns unseres Potentials innewerden, in Partnerschaft mit der Natur und unserer Gemeinschaft etwas aufzubauen, zu gestalten und zu produzieren.

Das erste Gefängnis ist der mechanistische Verstand, der unsere Weltsicht zergliedert, unsere Intelligenz und Kreativität leugnet, unser Potential und unser Wesen klein macht und die Natur und uns lähmt und beides auf Rohstoffe für die Geldmaschine reduziert. Die Veränderung unseres Denkens über die Welt ist der wichtigste Schritt zur Umgestaltung unseres Lebens und der Welt, von der wir ein Teil sind. Das Wiedererstehen des Realen beginnt mit der Erkenntnis der Wirklichkeit als lebendige Realität und lebendige Intelligenz.

Es liegt an uns, die Artenvielfalt, den ökologischen Raum und die Freiheit aller Spezies zu schützen. Das »Wilde« ist die Fähigkeit zur Selbstorganisation allen Lebens, der vielfältigen Arten der Erde und der Erde selbst als lebender Organismus. Dies ist das Bewusstsein, das Kulturen und Gemeinschaften, Volkswirtschaften und Demokratien, Wissenschaften und Technologien prägen muss. In der heutigen Ordnung, die immer noch von dem 1 % dominiert wird, ist die Erdengemeinschaft auf die menschliche Gemeinschaft reduziert worden. Die Menschen als Erdenbürger mit Pflichten und Rechten wurden durch Konzerne ersetzt, die weder der Erde noch der Gesellschaft gegenüber Pflichten haben, sondern nur das unbegrenzte Recht, beide auszubeuten. Konzernen wurde eine Rechtspersönlichkeit zuerkannt, und deren Rechte löschen nun die Rechte der Erde und der Menschen auf die Ressourcen der Erde aus.

Die wichtigste demokratische Fragestellung, die in Indien und auf der ganzen Welt im Zusammenhang mit der von der Geldmaschine entfesselten Zerstörung auftaucht, ist die nach den Rechten der Erde, der Menschen und der Demokratie, insbesondere der am stärksten ausgegrenzten und verwundbarsten. Überall auf der Welt organisieren sich Gemeinschaften, um die Rechte der Erde zu verteidigen.

Wir können es uns nicht mehr leisten, Trennungen und Mauern zwischen Wissenssystemen, Wirtschaftssystemen und politischen Systemen zu schaffen. Wir können nicht mehr in Einzelteilen denken und handeln. Wir müssen die Wirtschaft mit der Demokratie und die Wirtschaftsdemokratie mit der Erddemokratie verbinden. Das Erkennen von Verbundenheit und das Knüpfen von Verbindungen ist unser Zugang für die Schaffung einer neuen Welt, die auf Freiheit beruht, damit alles Leben in Wohlergehen gedeihen kann.

Swaraj in unserer Zeit ist Erddemokratie. Als *eine* Menschheit zu denken und zu handeln ist heute ein wirtschaftliches und politisches Gebot. Wenn wir Erddemokratie praktizieren, die auf lebendiger lokaler Demokratie beruht, ist das Prinzip auf alle Gesellschaften und alle Gemeinschaften anwendbar. In einer Erddemokratie können die Menschen nicht gedeihen, wenn die Erde, die sie ernährt, zerstört wird. In einer Erddemokratie kann eine Spezies andere nicht ausbeuten oder ausrotten; ein Geschlecht, eine Rasse oder eine Religion kann nicht »besser« sein und anderen die Freiheit, den Respekt und die Würde absprechen, die ihr gutes Recht sind.

Die Menschen in Indien und auf der ganzen Welt reagieren mit einer neuen Politik der »Lokalisierung« und Selbstbestimmung. Sie engagieren sich für eine aufgeklärte Haltung, die die Globalisierung in ihren ökologischen und sozialen Kontext stellt. In einer Region nach der anderen, in der ausländische Investitionen die lokalen Ressourcen von den Überlebensbedürfnissen lokaler Gemeinschaften auf den grenzenlosen Appetit globaler Märkte umlenken, stellen die Menschen die Investitionen auf den Prüfstand ökologischer und sozialer Verantwortung. Sie definieren die Prinzipien der Regierungsarbeit auf Grundlage der dezentralisierten Demokratie neu. Die Herrschaft der Weltbank und der WTO hat eine Herrschaft überstaatlicher Institutionen mit sich gebracht, die dem einseitigen Interesse des Handels und des 1 % dienen, jenseits und außerhalb der demokratischen Kontrolle der Menschen. Während sich der Staat in der Ära des »Freihandels« von Gesetzen für Umwelt und Soziales zurückzieht und diese im Namen von »Handelserleichterungen« ausgesetzt werden, organisieren sich Gemeinschaften, um die kommerzielle Tätigkeit zu regulieren: Sie machen ihr demokratisches Recht geltend, über die Verwendung ihrer Ressourcen zu entscheiden. Sie definieren Demokratie in Bezug auf die Entscheidungen der Menschen in ihrem täglichen Leben neu. Sie definieren die Nation neu in Bezug auf das Land und die Menschen, die reich an Vielfalt sind.

Der Trend zur Lokalisierung entstand tatsächlich zur gleichen Zeit wie der Trend zur Globalisierung. Wenn Globalisierung die unternehmensgetriebene Agenda für Kontrolle ist, dann ist Lokalisierung die gegenläufige Agenda der Bürger für den Schutz der Umwelt und für die Sicherung des Überlebens und der Existenzgrundlage der Menschen. Da es keine Regulierung durch nationale Regierungen gibt, schaffen die Bürger eine neue Politik zur Einführung ökologischer Grenzen. Die Lokalisierung hat eine immanente Umweltkomponente für die Kontrolle lokaler Ressourcen und das Eigentumsrecht daran, eine Entscheidungskomponente für die Nutzung dieser Ressourcen und eine wirtschaftliche Komponente, die sich der Zerstörung der lokalen Wirtschaft durch die globale Wirtschaft und den internationalen Handel widersetzt.

Lokalisierungsbewegungen führen zu einem neuen *ökologischen* Protektionismus der Menschen, der sich grundlegend von dem Protektionismus der Konzerne unterscheidet, bei dem alle Institutionen der Gesellschaft – Gerichte, Polizei und Regierungsstellen – ausgenutzt werden, um die Interessen der transnationalen Konzerne zu schützen.

In jedem Sektor sind die größten multinationalen Konzerne nun gezwungen worden, anzuerkennen, dass für ein demokratisches Funktionieren die Zustimmung der Bürger und nicht nur der Regierungen erforderlich ist. *Coca-Cola* wurde diese Botschaft in Plachimada in Kerala überbracht. *Monsanto* erhält diese Botschaft jedes Mal, wenn es versucht, der indischen Regierung GVO-Saatgut und Patente auf Leben aufzunötigen.

Ob es nun um Fischerei oder Aquakultur geht, um giftige Pflanzen oder Giftimporte, um die Landnahme für Fabriken oder um Immobilien, Freihandel und das Eindringen von transnationalen Konzernen, die die Lebensgrundlage, die Ressourcen und die Gesundheit der Menschen bedrohen: Lokale Gemeinschaften und Graswurzelbewegungen leisten Widerstand. Während ihr Widerstand von Dorf zu Dorf, von einem Investitionsstandort zum anderen, Widerhall findet, entsteht eine neue Umweltphilosophie, die auf der demokratischen Dezentralisierung und der Kontrolle über die natürlichen Ressourcen beruht. Der Druck der Bevölkerung zwingt die Regierung dazu, sich wieder ihrer Rolle als Schutzmacht des öffentlichen Interesses und des natürlichen und kulturellen Erbes des Landes inne zu werden. Die Lokalisierung entwickelt sich als Gegenmittel zur Globalisierung und zur hemmungslosen kommerziellen Gier. Sie behauptet sich wieder als die demokratische Option der Zukunft.

2016 war ich nach Barcelona eingeladen worden, um an einer Initiative namens *Fearless Cities* teilzunehmen. In der Einladung stand:

> In einer Welt, in der Ungleichheiten, Fremdenfeindlichkeit und Autoritarismus auf dem Vormarsch sind, setzen sich Städte und Gemeinden für die Verteidigung der Menschenrechte, der Demokratie und des Gemeinwohls ein. Die Demokratie wurde auf lokaler Ebene geboren, und dorthin können wir sie zurückbringen, diesmal als Teil eines internationalen Netzwerks der Zuflucht, Solidarität und Hoffnung.

Auf diese Weise entwickelt sich die planetarische Freiheitsbewegung und wird wachsen – von unten nach oben, dezentralisiert, selbstorganisiert und vernetzt.

Millionen werden entwurzelt und so zu Flüchtlingen, die an anderen Orten Schutz suchen. Die Flüchtlingskrise wird ausgenutzt, um die Gesellschaft durch eine Politik des Hasses zu polarisieren. Nur das tiefe Bewusstsein, Erdenbürger zu sein, wird in Zeiten allgegenwärtigen Hasses zu einer Quelle der Liebe, in Zeiten gewaltsamer

Trennungen und Spaltungen zu einer Quelle der Verbundenheit, in Zeiten der Hoffnungslosigkeit zu einer Quelle der Hoffnung auf kreativen und mitfühlenden Umgang mit Flüchtlingen.

Der vom mechanistischen Verstand geschaffene Dualismus hindert uns daran, uns vorzustellen, dass wir in unserem Bewusstsein sowohl lokal an einem Ort verwurzelt als auch planetar sein können; dass wir unverwechselbare und einzigartige Individuen sein können, während wir Teil einer einzigen Menschheit sind. Dieser Dualismus hindert uns daran, uns vorzustellen, dass die globale Integration nicht vertikal sein muss. Auf diese Art, von oben nach unten, saugt das 1 % Leben und Freiheit aus der Natur und der menschlichen Gesellschaft und unterdrückt diejenigen, die sich für Leben und Freiheit einsetzen. Aber eine ebenbürtige planetarische Einheit im Bewusstsein von Mitgefühl, Verbundenheit und Miteinandersein ist möglich. Gandhi stellte sie sich als einen »sich ständig ausdehnenden, niemals sich über andere erhebenden ozeanischen Kreis« vor:

> Dann wird das Leben keine Pyramide sein, deren Spitze vom Unterbau getragen wird. Es wird ein ozeanischer Kreis sein, in dessen Zentrum das Individuum steht, das immer bereit ist, in den Kreis der Dörfer einzugehen, bis endlich das Ganze zu einem einzigen Leben wird, das sich aus Individuen zusammensetzt, die nie überheblich oder aggressiv, sondern immer demütig sind und die an der Majestät des ozeanischen Kreises teilhaben, von dem sie ein wesentlicher Teil sind. Deshalb wird der äußerste Kreis nicht die Macht haben, den inneren Kreis zu erdrücken, sondern er wird allen im Inneren Kraft geben und selbst Kraft daraus ziehen.[1]

Swadeshi – das Wiedererstehen von echtem Wohlstand, echter Arbeit und Wohlbefinden

»Swadeshi« ist das indische Wort für lebendige lokale Wirtschaft, für wirtschaftliche Souveränität und wirtschaftliche Demokratie. *Swadeshi* beruht auf lokalen Ökonomien, die in nationale Ökonomien und schließlich in eine planetare Wirtschaft hineinwachsen, in Übereinstimmung mit der Natur und den wirklichen Freiheiten der Menschen, zur Schaffung von realem Wohlstand und Wohlbefinden auf allen Ebenen. Volkswirtschaften zu schaffen, die für die 99 Prozent und nicht nur für das 1 % arbeiten, ist ein ethischer, ökologischer, wirtschaftlicher und menschlicher Imperativ.

Eigenständigkeit war ein wichtiger Aspekt der *Swadeshi*-Bewegung in Indien, sowohl durch die Verpflichtung, selbst zu produzieren, was wir brauchen, und nur indische Produkte zu kaufen als auch durch den Boykott britischer Kleidung.

Der große Wandel vollzieht sich auf der ganzen Welt von der strukturellen Gewalt der Geldmaschine hin zu gewaltfreien Ökonomien, von der erzwungenen Globalisierung, die das Ökosystem zugrunderichtet, zu einer Lokalisierung, durch die wir zu Mitschöpfern mit der Erde werden, um mehr und bessere Nahrung, Kleidung, Unterkunft und Mobilität für alle hervorzubringen. Initiativen für ökologisches Wirtschaften, die Transition-Bewegung und lokale Währungen sowie Ökonomien für das Gemeinwohl streben alle nach der Wiederbelebung realer Ökonomien, die den realen Wohlstand, verstanden als Wohlbefinden für alle, steigern.

Das Wiedererstehen des realen Wohlstands muss auf der Wiederherstellung der Gemeingüter und der Schaffung neuer Gemeingüter beruhen, die außerhalb der Reichweite der globalen Konzerne und der zentralisierenden, privatisierenden Staaten liegen. Zwanzig Jahre Globalisierung der Konzerne auf Grundlage der WTO-Regeln, die vom Giftkartell und dem Agrarwirtschaftskartell verfasst wurden, kombiniert mit fünf Jahrzehnten einer vom Giftkartell vorangetriebenen nur vorgeblich Grünen Revolution, haben die indischen Bauern an den Rand gedrängt.

Anstatt die unfairen Regeln der Globalisierung und Handelsliberalisierung zu revidieren, versuchen die Konzerne, die die Notlage geschaffen haben, die Krise auszunutzen, um ihre Profite und ihre Kontrolle auszuweiten. Sie wollen durch Fernhandel und die Vertragslandwirtschaft alle Landwirte in die Sklaverei treiben. Sie versuchen, die industrielle Landwirtschaft und ihre Monokulturen zu erweitern. Sie schlagen »*eine* Landwirtschaft, *ein* Markt« vor, ein Slogan, der Monokulturen und Monopole verkörpert und von den Regierungen aufgegriffen wird: als der neue »Fortschritt«.

Gandhi definierte *Swadeshi* als den »Geist in uns, der uns auf die Nutzung unserer unmittelbaren Umgebung und dessen, was sie hervorbringt, beschränkt und die weiter entfernten außen vor lässt«. Lokalisierung ist ein ethischer und ökologischer Imperativ. Sie verringert unseren ökologischen Fußabdruck und eröffnet gleichzeitig Möglichkeiten für kreative, sinnvolle Arbeit, die Erzeugung von Qualität und die Steigerung des Wohlbefindens. Sie repariert den zerbrochenen Kreis zwischen Produktion und Konsum. Das gegenwärtige System beruht auf der Trennung von Produzent und Konsument. Dabei werden die Produzenten und die Erde ausgebeutet und die Konsumenten von einem gedankenlosen Konsumdenken getrieben, das auf der Illusion vom »Billigen« beruht. Global gehandelte und industriell produzierte und vertriebene Lebensmittel und Kleidung erscheinen billig, weil sie die Kosten für die Gesellschaft und den Planeten nicht berücksichtigen. »Konsumverhalten« ist soziale Abhängigkeit von Schrott, am Laufen gehalten von der Geldmaschine. Die wahren Kosten erweisen, dass die ökologischen, die lokalen, die fossilfreien, nicht-industriellen Systeme besser funktionieren: für den Planeten wie für Produzenten und Konsumenten.

Das »Billige« einer konzerngesteuerten globalisierten Wirtschaft ist extrem kostspielig, wenn eine echte Kostenrechnung durchgeführt wird. Wir haben berechnet: Jährlich 1,3 Milliarden Dollar wäre der tatsächliche Betrag für die sozialen und ökologischen Kosten der chemischen Landwirtschaft in Indien.[2] Würden die Todesfälle der indischen Bauern, die *Bt-Baumwolle* anbauen, und die Todesfälle der Arbeiterinnen in den Bekleidungsfabriken Bangladeschs in die Kosten dessen, was wir anziehen, einberechnet, könnte sich niemand die »billige« Kleidung der großen Ketten leisten. Wenn alles in die Kosten dessen, was wir essen, einberechnet würde – die Zerstörung kleiner Bauernhöfe, die Entwurzelung und Vertreibung bäuerlicher

Gemeinschaften, die Versteppung der Böden, das Verschwinden der Artenvielfalt, die Folter von Tieren in den Mastfabriken, die Destabilisierung des Klimas und die Epidemien –, dann wären all jene »billigen« Lebensmittel unbezahlbar, die mit Chemikalien und GVO von *Monsanto* angebaut, von *Cargill* verkauft, von *Walmart* und *Amazon* vertrieben und von *Nestlé* und *Pepsi* verarbeitet werden. Wenn es ihnen wirklich darum ginge, die Welt zu ernähren, würden diese Konzerne nicht die lokalen, nachhaltigen Alternativen illegal machen.

Wie Schumacher, der Autor von *Small is Beautiful*[3] und *Buddhist Economics*, betont, sind Einfachheit und Gewaltlosigkeit die Grundlage einer Wirtschaft des Wohlstands, und eine solche Wirtschaft muss lokal sein:

> Aus der Sicht der buddhistischen Ökonomie […] ist die Produktion aus lokalen Ressourcen für lokale Bedürfnisse die sinnvollste Art des Wirtschaftens, während die Abhängigkeit von Importen aus der Ferne und die daraus resultierende Notwendigkeit, für den Export an unbekannte und weit entfernte Völker zu produzieren, höchst unwirtschaftlich und nur in Ausnahmefällen und in kleinem Maßstab zu rechtfertigen ist.«[4]

Neue Formen totalitärer Kontrolle werden geschaffen: durch neue Methoden der Erzielung von Superprofiten durch Ausbeutung der Gesellschaft, durch neue Konvergenzen von Technologien und neue Machtkonzentrationen. Das Leitprinzip der Globalisierung der Konzerne sind zentralisierte, industrialisierte und mechanisierte Produktionsweisen. Gandhi stellte dieses Prinzip auf den Kopf und wollte eine dezentralisierte, heimische, handwerkliche Produktionsweise. In seinen Worten: »Nicht Massenproduktion, sondern Produktion durch die Massen.«

Ich habe das Wort »Protektionismus« nie als negativ empfunden. Der Schutz der Erde, unserer Häuser, unserer Familien, unserer Kulturen ist eine Pflicht, die unerlässlich ist, um unser Leben ökologisch und sozial zu erhalten. *Swadeshi*, die Wirtschaftsdemokratie auf

Grundlage der lokalen Wirtschaft, ist auch notwendig, um in diesem Zeitalter der Unzufriedenheit mit den herrschenden Systemen das Aufkeimen von Fremdenfeindlichkeit und Hass zu verhindern. Bei der Brexit-Abstimmung und den US-Präsidentschaftswahlen 2016 herrschte eine globalisierungs- und einwandererfeindliche Rhetorik vor, die Hand in Hand ging mit einer weiteren Integration des globalen Finanzsystems und einer Politik des Hasses. Schlimmer noch: Während sie die Menschen spaltete, festigte diese Rhetorik die Herrschaft des 1 % und die Immunität der Milliardäre noch weiter. Die Menschen stimmten für den Wandel, bekamen aber mehr vom gleichen.

In der Erddemokratie ist keine Spezies und keine Kultur entbehrlich. Vielfalt sorgt für Ausgewogenheit; Ausgewogenheit stellt sicher, dass keine einzige Art, keine einzige Kultur das Übrige beherrscht. Deshalb gehen echte Demokratie, Vielfalt und Dezentralisierung Hand in Hand.

Gandhis Begriff des *swaraj* zeigte einen Weg auf zur Befreiung vom Empire und zugleich einen Weg zur Freiheit von Hass:

> Ausländische Manufakturen allein deshalb abzulehnen, weil sie fremd sind, und weiterhin einheimische Zeit und Geld damit zu verschwenden, im eigenen Land Manufakturen zu fördern, die nicht zu ihm passen, wäre eine kriminelle Torheit und nicht in Übereinstimmung mit dem Geist von *Swadeshi*. Ein wahrer Anhänger von *Swadeshi* wird dem Ausländer gegenüber niemals böswillig sein; er wird nicht durch Feindseligkeit gegenüber irgendjemandem auf Erden Bestätigung suchen. *Swadeshismus* ist kein Kult des Hasses. Es ist eine Doktrin des selbstlosen Dienens, die ihre Wurzeln im reinsten *Ahimsa* hat, das heißt in der Liebe.
>
> Wenn wir der *Swadeshi*-Doktrin folgen, wäre es Ihre und meine Pflicht, Nachbarn zu finden, die unsere Wünsche erfüllen können, und ihnen beizubringen, sich mit dem zu versorgen, von dem sie nicht wissen, wie sie es bekommen sollen, vorausgesetzt, sie wollen eine solche gesunde Kooperation. Dann wird jedes Dorf in Indien beinahe eine sich selbst versorgende und in sich geschlossene

Einheit sein, die nur solche notwendige Waren mit anderen Dörfern austauscht, die vor Ort nicht produziert werden können. In einem solchen Wirtschaftssystem wird es ein organisches Verhältnis zwischen Produktion, Verteilung und Konsum geben.[5]

Satyagraha: das Wiedererstehen von echtem Widerstand, echter Demokratie

Satyagraha, die Kraft der Wahrheit, war Gandhis Wort für Nicht-Kooperation mit und Nicht-Teilhabe an Systemen, Strukturen, Gesetzen, Paradigmen und einer Politik, die die Erde zerstören und uns unserer Menschlichkeit und unserer Freiheiten berauben. *Satyagraha* ist die tiefste Praxis der Demokratie, ein »Nein« des höchsten Bewusstseins, die moralische Pflicht, nicht mit ungerechter und brachialer Rechtsprechung und ausbeuterischen und undemokratischen Prozessen zu kooperieren. Höhere moralische Gesetze zwingen die Bürger dazu, niedere Gesetze, die Ungerechtigkeit und Gewalt institutionalisieren, nicht zu befolgen. Thoreau bringt es kurz und bündig auf den Punkt:

> Nur eine einzige Verpflichtung bin ich berechtigt einzugehen, und das ist: jederzeit zu tun, was mir recht erscheint. Es reicht eigentlich aus, zu sagen, dass ein Unternehmen selbst kein Gewissen hat; aber ein Unternehmen von gewissenhaften Männern ist ein Unternehmen mit einem Gewissen. Das Gesetz hat die Menschen noch nie gerechter gemacht, und durch ihren Respekt vor dem Gesetz werden selbst die Wohlhabenden täglich zu ungerechten Personen.

Ich möchte hinzufügen: Solange der Aberglaube besteht, dass man an die Fiktionen und Illusionen des 1 % glauben und es zulassen muss, dass reales Wissen, reale Intelligenz, realer Reichtum und reale Freiheit zerstört werden, wird unsere Versklavung durch das 1 % fortbestehen. Als Sklaven der Trugbilder, die der mechanistische Verstand und die Geldmaschine erschaffen, werden wir zu Komplizen der Prozesse, die die Erde und die Menschheit zerstören.

Aber *Satyagraha* oder Nicht-Kooperation, passiver Widerstand, begann nicht bei Gandhi oder Thoreau. Es ist die tiefste demokratische Praxis aller Zeiten, die Freiheit zu verteidigen. Gandhi selbst räumte ein, dass er *Satyagraha* nicht »erfunden« hat, er hat es vom indischen Volk gelernt. Wie er in *Hind Swaraj* schreibt:

> Tatsache ist, dass in Indien im allgemeinen die gesamte Nation in allen Lebensbereichen passiven Widerstand geleistet hat. Wir hören auf, mit unseren Machthabern zu kooperieren, wenn sie uns missfallen. Das ist passiver Widerstand.«[6]

Satyagraha ist heute, in unserem Zeitalter der »Post-Wahrheit«, wichtiger denn je. Es ging und geht immer darum, unser Gewissen, unsere innere Kraft zu wecken, um einem von außen aufgezwungenen, grausamen und ungerechten System zu widerstehen.

Gandhis Salzmarsch inspirierte *Navdanyas* Saatgut-*Satyagraha*, die Saatgut-Freiheitsbewegung. Seit 1987, als ich zum ersten Mal hörte, wie Konzerne davon sprachen, Saatgut als geistige Eigentumsrechte (unter *IPR*, Internationalem Privatrecht) zu besitzen, weigerte sich mein Gewissen, dies zu akzeptieren. Ich verpflichtete mich, ein Leben lang Saatgut zu retten und nicht mit *IPR*-Systemen zu kooperieren, die das Retten von Saatgut und den Austausch von Saatgut zu einem Verbrechen machen.

Bija Satyagraha (Saatgut-*Satyagraha*) ist eine Volksbewegung für das Wiedererstehen von echtem Saatgut, der Intelligenz der Bauern, Züchter zu sein und sich mit der Intelligenz des Saatguts in Richtung Diversität, Belastbarkeit und Qualität weiterzuentwickeln. Das *Bija Satyagraha*-Versprechen unserer Bauern besagt:

> Wir haben diese Samen von der Natur und unseren Vorfahren erhalten. Es ist unsere Pflicht gegenüber künftigen Generationen, sie weiterzugeben: in eben jenem Reichtum an Vielfalt und Inte-

> gritát, in dem sie auf uns gekommen sind. Deshalb werden wir kein Gesetz befolgen und keine Technologie anwenden, die unsere höheren Pflichten gegenüber der Erde und den künftigen Generationen beeinträchtigt. Wir werden weiterhin unser Saatgut bewahren und teilen.

Seit 1991 hat *Navdanya* durch die *Bija-Satyagraha*-Bewegung die Bauern organisiert, um Saatgut in den Händen der Bauern zu bewahren und nicht mit Gesetzen zum Schutz geistigen Eigentums und Saatgutgesetzen zu kooperieren, die auf der Illusion beruhen, dass Saatgut Erfindungen von Konzernen wie *Monsanto* seien. Im Jahr 1993 nahmen eine halbe Million Bauern an einer historisch bedeutsamen *Bija-Satyagraha*-Kundgebung im Cubbon Park in Bangalore teil, dem ersten internationalen Protest gegen das Allgemeine Zoll- und Handelsabkommen (GATT)/WTO.

Im Jahr 2014 stoppten wir mit dem Saatgut-*Satyagraha* ein Saatgutgesetz, das den Bauern das Bewahren und Tauschen ihrer lokalen Sorten verboten hätte. Die Globale Saatgutfreiheitsbewegung praktizierte ähnliche *Satyagrahas* in Europa, Kolumbien und Kalifornien, um die Einführung von Gesetzen zur Zwangsregistrierung zu verhindern, die die Saatgutsorten der Bauern kriminalisieren.

Das *Jal Satyagraha* gegen *Coca-Cola* in Kerala und im Doon Valley hielt den Getränkeriesen davon ab, Wasser zu stehlen. Die Wasserdemokratie-Bewegung zur Verteidigung des Ganges und zur Verhinderung der Privatisierung seines Wassers für Delhi stoppte ein von der Weltbank finanziertes Wasserprivatisierungsprojekt. Von Frauen initiierte *Satyagrahas* gegen industrielle Aquakultur in Tamil Nadu, Andhra Pradesh und Odisha schützten erfolgreich das Recht der Menschen auf sauberes Trinkwasser.

Echte Freiheit beruht auf der Freiheit, unsere Flüsse und unser Wasser als Gemeingut zu erhalten und unser Saatgut und unsere gesunden, nahrhaften einheimischen Nahrungsmittel zu bewahren.

Wir verpflichteten uns 1998 zum *Sarson Satyagraha* (Senf-*Satyagraha*) gegen das Verbot einheimischer kaltgepresster Speiseöle, welches die Einfuhr von GVO-Sojaöl in Indien erleichtern sollte. Aus diesem Grund sind kaltgepresste Öle, und damit auch Senföl, bis heute im Land erhältlich. Im Jahr 2015 erneuerten wir das *Sarson Satyagraha,* als der Versuch unternommen wurde, GVO-Senf einzuführen. Im Dezember 2015 unternahmen wir ein *Satyagraha,* als Pseudo-Sicherheitsgesetze versuchten, Gandhis Kaltpress-Ölmühle in Sevagram, Maharashtra, stillzulegen. Diese *Satyagrahas* haben das Recht auf sichere, gesunde einheimische Lebensmittel in den Mittelpunkt gerückt.

1998 begann die globale Sojalobby damit, GVO-Sojaöl in Indien zu Dumpingpreisen zu importieren. Und sie führte ein Verbot einheimischer Kaltpressölmühlen herbei, in dessen Folge 500.000 dörfliche Ölmühlen im ganzen Land geschlossen wurden. Einheimische Öle waren nicht mehr verfügbar. Mitglieder der *Women's Food Sovereignty Alliance* riefen mich aus den Slums von Delhi an und sagten, wir müssten unser Senföl zurückverlangen. Damals begannen wir mit dem *Sarson Satyagraha,* dem zivilen Ungehorsam gegen die Gesetze, die unseren Senf und die Herstellung unserer eigenen Speiseöle aus unseren eigenen Ölsaaten mit unseren eigenen Händen verboten.

Im Jahr 2017 gelang es einem *Satyagraha,* das von der *Mahila Anna Swaraj* (Ernährungssouveränität in Frauenhand), einem Netzwerk von mehr als fünf Millionen Produzentinnen, organisiert wurde, Lebensmittelsicherheitsstandards zu blockieren, die die handwerkliche Verarbeitung von Frauen zum Erliegen gebracht hätten. Und die *Satyagrahas* der Stammesangehörigen in Niyamgiri in Odisha und der Bauern in Singur und Nandigram in Westbengalen stoppten die von der Globalisierung entfesselte Landnahme der Konzerne.

Beispiele für den Versuch, lokale, ökologische und demokratische Alternativen illegal zu machen, sind die wiederholten Versuche von Saatgutkonzernen, lokales Saatgut und den Saatguterhalt durch Bauern zu kriminalisieren, sowie der Versuch, die lokale, handwerkliche Nahrungsmittelproduktion illegal zu machen.[7]

Frische, lokal und von Hand hergestellte Lebensmittel ohne chemische Zusätze und industrielle Verarbeitung gelten als die gesündesten Lebensmittel. Aus diesem Grund war die Lebensmittelverarbeitung in Indien bis in die 1990er-Jahre dem Sektor der Klein- und Heimindustrie vorbehalten. Die WTO-Regeln haben unsere Ernährungs- und Landwirtschaftssysteme dramatisch verändert. Heute leben wir mit dem Nahrungsmittelimperialismus. Durch die rasche Verbreitung von industriell verarbeiteten Lebensmitteln und Junkfood sind wir zu einer kranken Nation geworden.

Die Öle, die die meisten Inder heutzutage als »Pflanzenöl« konsumieren, sind industriell verarbeitete, importierte Palm- und Sojaöle. Im Gegensatz zu Sesam, Senf, Erdnuss, Leinsamen und Kokos sind dies keine echten Öle, weil sie nicht in *Ghanis* (traditionellen Ölsaatenpressen) oder durch Kaltpressung gewonnen werden können.

Das Sojaöl wird bei hohen Temperaturen in Hexan-Lösungsmittelextraktionsanlagen extrahiert. Hexan ist ein rohölbasiertes organisches Lösungsmittel mit vielen industriellen Anwendungen, es ist ein Neurotoxikum. Keine Tests oder Kennzeichnungen informieren die Verbraucher über diesen Prozess und das Eindringen von GVO in unsere Nahrungskette. Bei industriell raffinierten Ölen ist ein dreißigprozentiges Beimischen legal. Die Verfälschungsmittel werden als »pflanzliche Öle« gekennzeichnet, ohne die Verbraucher darüber zu informieren, dass pflanzliche Öle auch Öl aus den giftigen GVO-Baumwollsamen enthalten. GVO-Lebensmittel sind in Indien nicht erlaubt, dennoch *wird Bt-Baumwollsamenöl* industriellen »Speiseölen« beigemischt.

Es sind industrielle Lebensmittel mit zugesetzten Chemikalien, die in Labors getestet werden müssen, nicht nur auf künstliche Inhaltsstoffe, sondern auch auf die Auswirkungen chemischer Zusätze und industrieller Verarbeitung auf unsere Gesundheit. Die neuen Vorschriften zur Lebensmittelsicherheit sind willkürlich, weil sie nicht zwischen der handwerklichen, chemikalienfreien Verarbeitung von Öl und den industriellen, chemischen, rohölbasierten Prozessen unterscheiden. Wenn einem *Ghani* chemische Untersuchungen auferlegt werden, werden sichere Lebensmittel, die im handwerklichen Sektor hergestellt wurden, aus dem Verkehr gezogen, um ein

Monopol der Konzerne auf ungesunde und unsichere Lebensmittel zu schaffen.

Reines, natives Öl aus einem *Ghani* wird immer noch in Gandhis *Sevagram Ashram* verkauft. Die Menschen kommen von weit her, um es zu kaufen. Die Lebensmittelsicherheit im handwerklichen Sektor braucht Systeme der Teilhabe, in denen die Bürger, die das Öl produzieren, und diejenigen, die es konsumieren, die Standards für Qualität und Zuverlässigkeit festlegen. So wie es auf Teilhabe beruhende Garantiesysteme für die ökologische Produktion gibt, brauchen wir auf Teilhabe beruhende Systeme für die handwerkliche Lebensmittelverarbeitung.

Importierte und gepanschte Speiseöle dominieren den Markt, weil sie subventioniert und ihre ökologischen und gesundheitlichen Kosten versteckt und ausgelagert werden. So wurde beispielsweise in Indien der Einfuhrzoll für Speiseöl 1998 von 300 Prozent auf null gesenkt, eine indirekte Subvention. Darüber hinaus subventioniert die indische Regierung Sojaöl mit 15 Rupien pro Liter.[8] Und das noch zusätzlich zur Subventionierung durch die US-Regierung.

Die Ausweitung der Palmölplantagen ist der Hauptgrund für die Zerstörung der Regenwälder in Indonesien; die Ausweitung der GVO-Sojaplantagen ist die Hauptursache für die Zerstörung der Regenwälder des Amazonas und der Cerrados in Brasilien und Argentinien. Die Waldzerstörung trägt 18 Prozent zu den Treibhausgasen bei, und 85 Prozent der Regenwaldzerstörung sind auf die Ausweitung der industriellen Landwirtschaft zurückzuführen. Der Palmölanbau in Indonesien war schätzungsweise für zwei bis neun Prozent aller tropischen Landnutzungsemissionen von 2000 bis 2010 verantwortlich. Das Land war 2009 der siebtgrößte Umweltverschmutzer der Welt, und die Entwaldung für etwa 30 Prozent dieser Emissionen verantwortlich. Indonesien rangierte bei der Verschmutzung durch Entwaldung an zweiter Stelle (hinter Brasilien). Der Sojaanbau in Indien zerstört die Bodenfruchtbarkeit und ruiniert die Bauern in Madhya Pradesh und Maharashtra. Gandhis *Ghani* ist ein Symbol für unsere Freiheit von einem neuen Konzern-Imperialismus, der versucht, zu kontrollieren, was wir auf unseren Farmen anbauen, wie wir unsere Nahrungsmittel verarbeiten und was wir essen. Während die derzeitigen Gesetze zur Lebensmittelsicherheit ihren Ursprung im Gesundheits- und Pflanzenschutzabkommen der WTO haben, ist die *Doha-Runde* der WTO nach dem Ministertreffen in Nairobi vom 15. bis zum 19. Dezember 2015 so gut wie tot, und die giftige Lebensmittelindustrie bereitet sich darauf vor, das Transpazifische Freihandelsabkommen durchzusetzen, das unsere Systeme der Lebensmittelsicherheit vollständig zerstören wird. Wir müssen jetzt handeln, um unser Recht einzufordern, sichere, gesunde, einheimische Lebensmittel anzubauen und zu essen.

Am 30. Januar 2016, dem Tag von Gandhis Märtyrertod, schloss ich mich seinen Anhängern in Sevagram an, um Gandhis *Ghani* als Symbol für *Swadeshi*-Nahrung zu verteidigen. Wir haben uns verpflichtet, in so vielen Dörfern wie möglich winzige *Ghanis* aufzubauen und so eine handwerkliche Existenzgrundlage zu schaffen, gesundes kaltgepresstes Öl für alle zugänglich zu machen und eine lokale Kreislaufwirtschaft zu schaffen. Dann können die Bauern die Vielfalt der Ölsaaten anbauen, die durch Importe von schlechtem Öl und durch die Ausbreitung von Monokulturen verdrängt wurden.

Im April 2017, zum Jahrestag des Champaran *Satyagraha*, führten wir ein *Satyagraha-Yatra* durch, das in Meerut begann. Wir besuchten Varanasi, um die Bewegung von 1810 gegen die von den Briten verhängte Haussteuer zu feiern. Am 17. April unternahmen wir eine Pilgerreise nach Champaran, dem Tag, an dem Gandhi sein *Satyagraha* gegen den erzwungenen Anbau von Indigo begann. Wir schlossen uns dann den tapferen Gemeinden Singur und Nandigram an, die durch einen Land-*Satyagraha* einen Landraub für ein Industrieprojekt verhinderten. Nachdem wir diejenigen geehrt hatten, die am Salz-*Satyagraha* von 1930 teilgenommen hatten, indem wir die Salzstraße in Odisha abgefahren waren, beendeten wir unser *Yatra* am Tag der Erde in der Saatgutbank der *Navdanya*-Gemeinschaft in Odisha, die nach Zyklonen, nach dem Tsunami und nach wiederholten Dürreperioden in ganz Indien Samen der Hoffnung verbreitet hat.

In viereinhalb Jahrzehnten habe ich an vielen *Satyagrahas* teilgenommen, angefangen mit der *Chipko*-Bewegung. Und mein Engagement für unsere gemeinsamen Freiheiten wird mit der Zeit immer stärker. Das planetarische *Satyagraha*, das wir heute brauchen, besteht für jeden von uns darin, aus den Gefängnissen unseres Denkens auszubrechen, die von dem 1 % durch Gedankenmuster und Vorspiegelungen geschaffen wurden. Wir müssen unsere Intelligenz und latente Macht gebrauchen, damit das Reale wiedererstehen kann. Die heutige Bewegung der Nicht-Kooperation beginnt damit, dass wir uns den Fiktionen und Unwahrheiten, durch die wir kolonialisiert werden, nicht mehr anschließen und nicht mit den Strukturen von Gewalt und Herrschaft kooperieren, die durch diese Fiktionen errichtet werden, um Strukturen der Ausbeutung aufrechtzuerhalten. Die Befreiung von dem 1 % ist das *Satyagraha* unserer Zeit.

Wahre Freiheit und die Schaffung von wahrem Reichtum erfordern die Ausübung von *Satyagraha*, *Swaraj* und *Swadeshi* mit Integrität und in Vernetzung. Widerstand ohne eine im Realen verwurzelte Vorstellungskraft, die mit konstruktivem Handeln verbunden ist, wird keine andere Welt erschaffen. Die Saat der Freiheit zu säen, ist keine Einbildung. Es ist ein bewusster Akt, ein Akt, in dem wir eins mit der Erde werden. Einssein ist unser Sein, unsere Quelle der Kraft, unsere Kraft, uns gewaltlos zu widersetzen – ist unsere Macht, gewaltlos zu erschaffen.

Kürzlich entschied der Oberste Gerichtshof von Uttarakhand in Indien, dass Himalaya-Gebirge, Gletscher, Flüsse, Ströme, Bäche, Rinnsale, Seen, Dschungel, die Luft, Wälder, Wiesen, Täler, Feuchtgebiete, Grasland und Quellen Lebewesen und »juristische Personen« mit Rechten sind.[9] Die Legislative in Madhya Pradesh erkannte im Mai 2017 die Persönlichkeit des Narmada-Flusses an, um die »Erhaltung der aquatischen Biodiversität« zu gewährleisten. Dieser Wechsel der Paradigmen und des Rechtsverständnisses, der hier stattfindet, schafft neue Möglichkeiten für nachhaltige Gesellschaften und Erddemokratien. Das *Monsanto*-Tribunal und die Generalversammlung, die wir im Oktober 2016 in Den Haag organisierten, hatten

Zeugen aus der ganzen Welt auf einer Plattform zusammengebracht, um Beweise für *Monsanto*s Verbrechen gegen Natur und Menschlichkeit zusammenzutragen. Das ist Erddemokratie in Aktion. Und während wir uns der Unwahrheit und der Gewalt widersetzen, säen wir Samen der Hoffnung und der Freiheit.

Die Zukunft säen, die Freiheit säen durch Erddemokratie

Die Saat der Zukunft zu säen, wenn unser mögliches Aussterben uns ins Gesicht starrt, die Saat der Freiheit zu säen, wenn alle Freiheiten aller Wesen für die grenzenlose Freiheit des 1 % abgeschafft werden, damit sie die Erde und die Menschen ausbeuten und das Leben und unser Denken manipulieren können, erfordert einen Quantensprung in unserer Vorstellungskraft, unserer Intelligenz, unserer Fähigkeit zu Mitgefühl und Liebe sowie unseren Mut zu kreativem gewaltlosem Widerstand und zur Nicht-Kooperation mit einem System, das uns in die Ausrottung treibt.

Unsere einzige Option besteht darin, die Erde zu heilen und damit unsere Menschlichkeit zu heilen und zurückzufordern und so Hoffnung für unsere einzig mögliche Zukunft zu schaffen – als *eine* Menschheit auf *einem* Planeten. Die beiden Optionen von Stephen Hawking – aussterben oder vom Planeten Erde auf andere Planeten flüchten – sind nicht die einzigen beiden Zukunftsoptionen, die der Menschheit zur Verfügung stehen.[10]

Es gibt eine dritte Option jenseits von Aussterben und Flucht: die Alternative der Regenerierung der Erde, um weiterhin hier leben zu können, an unseren jeweiligen Orten auf dem Planeten, den wir Heimat nennen. Dies ist unsere evolutionäre Herausforderung. Wenn wir zu unserer Intelligenz und unserem evolutionären Potential erwachen und zu der Intelligenz, die unseren Planeten und das Universum durchdringt, brauchen wir nicht in die Verzweiflung und Hoffnungslosigkeit einer unabwendbaren Auslöschung oder in die Hybris einer Eroberung und Beherrschung anderer Planeten abzugleiten.

Elon Musk will eine Space-X-Stadt auf dem Mars schaffen: »Indem ich über die Aufstellung von Space-X-Mars spreche, möchte ich den Mars als Möglichkeit aufzeigen – ihn so darstellen, als ob er etwas sei, das wir zu unseren Lebzeiten erreichen können«, schreibt er und fügt hinzu: »Es gibt immer einen Weg, den jeder gehen könnte, wenn er wollte.« Musk glaubt, dass die Schwelle für eine sich selbst versorgende Stadt auf dem Mars bei einer Million Menschen läge. Aktuelle Berechnungen deuten darauf hin, dass es zwischen vierzig und hundert Jahre dauern würde, »bis eine sich vollständig selbst erhaltende Zivilisation auf dem Mars erreicht ist«.[11]

Die Herren des Universums würden sich wünschen, dass ein Achtel Promille der menschlichen Bevölkerung in ein Raumschiff steigt und zum Mars flüchtet (über den Rest der Menschheit und den Rest der Spezies wird natürlich nicht gesprochen). In weniger als hundert Jahren könnte die Menschheit jedoch den Planeten, die Böden der Erde, das Wasser und die biologische Vielfalt regenerieren, ein Gleichgewicht zwischen den Menschen herstellen und genügend Nahrung für alle bereitstellen.

Für Musk wie für Hawking gibt es nur zwei mögliche Wege für die Menschheit – dass wir für immer auf der Erde bleiben und schließlich aussterben oder eine »Weltraum-Zivilisation und eine multiplanetarische Spezies« werden. Musk scheint, wie alle Menschen, die unter technologischer Hybris leiden, nicht zu verstehen, dass die Bewohner eines Planeten keine Raumfahrt brauchen. Ein Erdbewohner zu sein bedeutet, sich bewusst zu sein, dass wir Teil des Universums und der Erde sind und dass wir in Übereinstimmung mit den Gesetzen des Universums wie der Erde leben müssen. Das grundlegendste Gesetz ist die Erkenntnis, dass wir den Planeten mit anderen Wesen teilen und dass wir die Pflicht haben, für unser gemeinsames Zuhause zu sorgen.

Die physische Kapazität zur Organisation von Raumflügen wurde erreicht. Wir müssen nun jedoch unser planetares Bewusstsein als Erdenbürger weiterentwickeln. Je weiter unser Bewusstsein reicht, desto kleiner wird unser ökologischer Fußabdruck. Ich möchte für den gegenwärtigen evolutionären Moment Gandhis Worte zur universellen ökologischen Verantwortung übernehmen: »Die Erde bietet genug für die Bedürfnisse aller, aber nicht genug für die Gier einiger weniger Menschen.« Heute müssen wir uns klarmachen, dass die Erde genug bietet: für alle Lebewesen und ihre zukünftige Entwicklung. Nur in einer Weltsicht, die von Gier, von Hybris und von einer mechanistischen, militaristischen Eroberungsintelligenz getrieben wird, scheint ein Aussterben unvermeidbar. Die Annahme, dass ein Flug zum Mars gleichbedeutend ist mit der Schaffung von Leben auf dem Mars und mit dem Aufbau einer sich selbst erhaltenden Zivilisation, beweist Hybris und Arroganz, Ignoranz und Gleichgültigkeit.

Sowohl Hawking als auch Musk scheinen die Tatsache überhaupt nicht zu berücksichtigen, dass die Erde ein selbstorganisierter, lebendiger Planet ist, der die Bedingungen erst erschafft: für sein Leben und das aller Arten, die sich auf ihm entwickelt haben; dass die Erde und jedes Lebewesen, auch die kleinsten Zellen, die Fähigkeit haben, zu heilen, sich zu erneuern und zu regenerieren. Aus diesem Potential, aus der Tatsache, dass wir den Planeten mit Millionen von Arten teilen, erwächst Hoffnung. Es ist unverantwortlich, unmoralisch und unethisch zu glauben, dass wir den Planeten weiter verwüsten und auf einen anderen fliehen können, selbst wenn dies technologisch machbar wäre.

Zu Hause zu bleiben ist ein ökologischer und ethischer Imperativ. Es ist auch eine freudige Option. Es ist die Praxis von *Oikonomia* (des Haushaltens) als Lebenskunst. Es ist Erddemokratie in Aktion, die die Freiheiten aller Wesen kultiviert und erweitert.

Während wir mit dem Hyper-Anthropozentrismus und der Hyper-Gier des 1 %, das die Artenvielfalt ausrottet und die 99 % versklavt, konfrontiert sind, nehmen wir unsere Kraft für Veränderungen daher, dass wir Teil der Erdenfamilie sind. In dem Bewusstsein, dass wir eins sind mit der Erde und all ihren Wesen, wird uns bewusst, dass wir als Menschheit eins sind. Das Netz des Lebens verbindet uns. Die Macht von Big Money und seiner politischen Maschinerie spaltet uns, indem sie uns in eingesperrte, konstruierte Identitäten aufsplittert, wodurch die Illusion entsteht, dass wir von der Erde getrennt sind. Durch diese Trennung entsteht die Illusion, dass es die Geldmaschine ist, die unser Leben bestimmt: Dass wir ohne *Monsanto* und *Cargill* nichts zu essen haben, ohne *Cola* und *Pepsi* kein Wasser, ohne Big Pharma keine Gesundheit, ohne *Facebook* keine Freunde, ohne *Twitter* keine Kommunikation, ohne Big Banks kein Geld, ohne Big Oil keine Energie und ohne Big Data kein Wissen.

Das mechanistische Denken hält uns in dem Glauben gefangen, dass jede Einbeziehung von etwas anderem in unser Sein und Bewusstsein einen Übergriff auf unseren Raum und unsere Freiheiten bedeutet. Aber der ökologische Raum, in dem sich das Leben erneuert und regeneriert, ist kein zweidimensionaler kartesianischer Raum. Er ist ein vierdimensionaler Raum von »desha« und »kala«, Raum und Zeit, in dem sich das Leben in Intelligenz, Lebendigkeit und Vielfalt entwickelt. Je mehr Interaktionen und Beziehungen im ökologischen Raum des Lebens stattfinden, desto mehr erweitern wir unsere eigenen Freiheiten und Möglichkeiten.

Das Geschäft des An-Sich-Reißens und Profitmachens durch eine gewalttätige Rohstoffwirtschaft, die das 1 % aufgebaut hat, belastet die Erde und die Menschheit mit unermesslichen, nicht tragbaren Kosten und hat uns an den Rand des Aussterbens gebracht. Wir müssen nicht von der Erde fliehen, wir müssen vor den Trugbildern fliehen, die unser Denken versklaven und die Auslöschung unausweichlich erscheinen lassen.

Wir durchleben die jüngste Phase eines epischen Kampfes, der die Menschheitsgeschichte im Laufe der Jahrhunderte geprägt hat: zwischen der Macht von Herrschaft, Zerstörung und Besitz und der gewaltlosen Macht von Ko-Kreation, Kooperation und Ko-Evolution. Die Macht von Gewalt und Zerstörung entspringt der Trennung – von der Natur und von einander. Unsere gewaltlose Macht entspringt Verbundenheit und Einheit. Aus diesem Grund säen wir eine Alternative, die auf Intelligenz und Wissenschaft, Verantwortung und Bewusstsein, Fürsorge und Mitgefühl beruht: Saat für Saat, Bauer für Bauer, Teller für Teller. Und in diesem Prozess gedeihen mehr

Arten, gibt es mehr Nahrung und eine Regeneration unserer biologischen Vielfalt, unseres Bodens und unseres Wassers. Das Potential für einen gesünderen Planeten und eine gesündere Gesellschaft mit mehr Wissen für mehr Menschen und mit einer Erddemokratie, die auf der Intelligenz allen sich entwickelnden Lebens beruht, liegt vor uns und ist real. Sie läutet das Wiedererstehen des Realen ein.

Epilog

Bill Gates' globale Agenda und wie wir uns seinem Krieg gegen das Leben widersetzen können

Übersetzung: Evelyn Rottengatter

Im März 2015 zeigte Bill Gates während eines TED Talks ein Bild des Coronavirus und erklärte dabei dem Publikum, so sähe die größte Katastrophe unserer Zeit aus. Die wahre Bedrohung für das Leben, sagte er, seien »nicht Raketen, sondern Mikroben«. Als fünf Jahre später die Coronavirus-Pandemie wie ein Tsunami über den Erdball fegte, ließ er seine Kriegsrhetorik wieder aufleben und bezeichnete die Pandemie als »Weltkrieg«.

»Die Coronavirus-Pandemie bringt die gesamte Menschheit auf Kriegskurs mit dem Virus«, sagte er.

In Wirklichkeit ist die Pandemie kein Krieg. Die Pandemie ist vielmehr eine *Konsequenz* von Krieg. Von Krieg gegen das Leben selbst. Die auf Profitmaximierung durch Ausbeutung basierende mechanistische Denkweise hat die Illusion einer von der Natur getrennten Menschheit geschaffen und lässt die Natur als lebloses, passives Material erscheinen, das es auszubeuten gilt. Tatsächlich jedoch sind wir Teil des Bioms, der Lebensgemeinschaft dieses Planeten. Und wir sind Teil des Viroms, dem Teil des Mikrobioms, das von Viren gebildet wird. Das Biom und das Virom sind wir. Wenn wir Krieg gegen die Biodiversität in unseren Wäldern, unseren Böden und in unserer Darmflora führen, dann führen wir Krieg gegen uns selbst.

Die durch das Coronavirus ausgelöste Gesundheitskrise ist untrennbar verbunden mit der Krise des Artensterbens, des Verlustes von Biodiversität und der Klimakrise. All diese Krisen wurzeln in der mechanistischen, militaristischen und anthropozentrischen Sichtweise, die den Menschen als von anderen Lebensformen getrennt –

und ihnen überlegen – ansieht; Lebensformen, die wir besitzen, manipulieren und kontrollieren können. All diese Krisen rühren von einem Wirtschaftsmodell, das auf der Illusion von unbegrenztem Wachstum und grenzenloser Gier basiert, das planetarische Grenzen ignoriert und die Integrität einzelner Arten sowie ganzer Ökosysteme zerstört.

Neue Krankheiten und Seuchen entstehen, weil eine globalisierte, industrialisierte und ineffiziente Landwirtschaft in Lebensräume eindringt, Ökosysteme zerstört und Tiere, Pflanzen und andere Organismen manipuliert, ohne jeden Respekt für ihre Integrität und Gesundheit. Wir sind weltweit durch die Ausbreitung von Krankheiten wie dem Coronavirus verbunden, weil wir in die Lebensräume anderer Arten eingedrungen sind, Flora und Fauna für kommerziellen Gewinn und Gier manipuliert und künstliche Monokulturen geschaffen haben. Wenn wir Wälder abholzen, bäuerliche Landwirtschaft in industrielle Unternehmen umwandeln, die pestizidbelastete, nährstoffarme Waren produzieren, wenn unsere Lebensmittel durch industrielle Verarbeitung mit synthetischen Chemikalien und durch gentechnische Veränderung immer wertloser werden und wenn wir die Illusion, Erde und Leben seien Rohstoffe, die man für Profit ausbeuten könne, weiter vorantreiben, verbinden wir uns in der Tat miteinander. Aber anstatt uns auf der Basis von nachhaltiger Gesundheit zu verbinden, indem wir Biodiversität, Integrität und Autonomie aller Lebensformen, einschließlich der Menschen, schützen und respektieren, sind wir durch Krankheit und Seuchen verbunden.

Nach Angaben der Internationalen Arbeitsorganisation (ILO) haben »1,6 Milliarden Beschäftigte in der informellen Wirtschaft (die die Schwächsten auf dem Arbeitsmarkt darstellen) von weltweit zwei Milliarden und einer globalen Erwerbsbevölkerung von 3,3 Milliarden massive Beeinträchtigungen ihrer Fähigkeit, den eigenen Lebensunterhalt zu verdienen, erlitten. Das liegt an den Lockdown-Maßnahmen und/oder daran, dass sie in den am stärksten betroffenen Bereichen arbeiten«. Nach Angaben des Welternährungsprogramms werden eine Viertelmilliarde Menschen zusätzlich in den

Hunger getrieben und 300.000 könnten täglich sterben. Auch das sind Pandemien, die Menschen töten. Töten kann kein Rezept sein, um Leben zu retten.

Bei Gesundheit geht es um Leben und um lebende Systeme. Im Paradigma der Gesundheit, das Bill Gates und seinesgleichen fördern und der ganzen Welt aufzwingen, gibt es kein »Leben«. Gates hat globale Allianzen geschaffen, um Top-Down-Analysen und vorgefasste Konzepte für Gesundheitsprobleme zu diktieren. Er gibt Geld, um Probleme zu definieren, und nutzt dann seinen Einfluss und sein Geld, um vermeintliche Lösungen durchzusetzen. Und währenddessen wird er immer reicher. Seine »Finanzierung« führt zu einer Auslöschung von Demokratie und Biodiversität, von Natur und Kultur. Seine »Wohltätigkeit« ist nicht nur philanthropischer Kapitalismus. Es ist philanthropischer Imperialismus.

Die Coronavirus-Pandemie und der Lockdown haben um so mehr mit aller Klarheit gezeigt, wie wir zu kontrollierbaren Objekten reduziert und unser Körper und Geist zu neuen Kolonien umfunktioniert werden, in die es einzudringen gilt. Imperien schaffen Kolonien, Kolonien hegen die Gemeingüter der dort lebenden Gemeinschaften ein und wandeln sie in für Profit abbaubare Rohstoffquellen um. Diese lineare, ausbeuterische Logik ist nicht fähig, die engen Beziehungen zu erkennen, die das Leben in der natürlichen Welt aufrechterhalten. Sie ist blind gegenüber Diversität, Kreisläufen der Erneuerung, Werten von Geben und Teilen und der Kraft und dem Potential von Selbstorganisation und Gegenseitigkeit. Sie ist blind gegenüber der Verschwendung, die sie erzeugt, und der Gewalt, die sie entfesselt. Der verlängerte Coronavirus-Lockdown ist ein Laborexperiment für eine Zukunft ohne Menschlichkeit.

Am 26. März 2020, auf dem Höhepunkt der Coronakrise und mitten im ersten Lockdown, erhielt Microsoft ein Patent von der Weltorganisation für geistiges Eigentum (WIPO). Patent WO060606 besagt, dass »menschliche Körperaktivität, die mit einer einem Benutzer bereitgestellten Aufgabe verbunden ist, in einem Mining-Prozess eines Kryptowährungssystems verwendet werden kann...«.

Die »Körperaktivität«, die Microsoft abbauen möchte, umfasst die vom menschlichen Körper abgegebene Strahlung, die Gehirnaktivität, den Fluss von Körperflüssigkeiten, den Blutfluss, die Aktivitäten anderer Organe und die Körperbewegungen wie etwa die Bewegung der Augen, des Gesichts und der Muskeln sowie alle weiteren Aktivitäten, die gemessen und durch Bilder, Wellen, Signale, Texte, Nummern, Grade oder andere Informations- und Datenformen dargestellt werden können.

Das Patent ist ein Anspruch auf geistiges Eigentum an unserem Körper und unserem Geist. Im Kolonialismus erheben die Kolonialherren Anspruch auf das Recht, Land und Rohstoffe indigener Völker in Besitz zu nehmen, ihre Kultur und Souveränität zu vernichten und sie im Extremfall auszurotten. Patent WO 060606 ist die Erklärung seitens Microsoft, dass unser Körper und unser Geist seine neuen Kolonien sind. Wir sind Minen von »Rohmaterial« – Daten, die aus unseren Körpern extrahiert werden. Anstatt souveräne, bewusste, intelligente und spirituelle Wesen zu sein, die mit Vernunft und aufgrund von ethischen Werten Entscheidungen über die Auswirkungen treffen, die unsere Taten auf unsere Umwelt und das soziale Gefüge haben, von denen wir ein Teil sind und mit denen wir untrennbar verbunden sind, sind wir »Nutzer«. Ein »Nutzer« ist im digitalen Imperium ein Konsument ohne Wahlmöglichkeiten.

Aber das ist nicht die Gesamtheit von Gates' Vision. Sie ist in der Tat sogar noch düsterer und beginnt bei den Fragilsten, unseren Kindern. Gates will ihren Körper, Geist und Seele kolonialisieren, bevor sie überhaupt eine Chance haben, zu verstehen, wie Freiheit und Souveränität aussehen und sich anfühlen.

Im Mai 2020 verkündete der Gouverneur von New York Andrew Cuomo eine Partnerschaft mit der Gates Foundation, um »Bildung neu zu erfinden«. Cuomo nannte Gates einen Visionär und argumentierte, die Pandemie habe »einen Moment in der Geschichte geschaffen, in dem wir [Gates'] Ideen tatsächlich umsetzen und voranbringen können […] All diese Gebäude und physischen Klassenzimmer – wozu, mit der Technologie, die wir haben?«

Tatsächlich versucht Gates seit zwei Jahrzehnten, das öffentliche Bildungssystem der Vereinigten Staaten zu demontieren. Für ihn sind Schüler Minen für Daten. Deshalb sind die von ihm geförderten Indikatoren Anwesenheit, Schuleinschreibung und Noten von Mathematik- und Lesetests, denn diese lassen sich leicht quantifizieren und als Daten erheben. Durch diese neue Definition von Bildung sollen Kinder durch Überwachungssysteme kontrolliert werden, um zu überprüfen, ob sie dem Unterricht aufmerksam folgen, der zuhause und alleine am Bildschirm stattfindet. Die Dystopie sieht vor, dass Kinder nie mehr in die Schule zurückkehren, nicht mehr miteinander spielen können, keine Freunde mehr haben. Es ist eine Welt ohne Gesellschaft, ohne Beziehungen, ohne Liebe und Freundschaft.

Wenn ich in die Zukunft der Welt von Gates und den Technologiebaronen blicke, sehe ich eine Menschheit, die noch weiter gespalten ist, in Massen von »Wegwerf«-Menschen, die im neuen Imperium keinen Platz haben. Diejenigen hingegen, die im neuen Imperium mit inbegriffen sind, werden kaum mehr als digitale Sklaven sein.

Oder wir können Widerstand leisten. Wir können eine andere Zukunft säen, unsere Demokratien vertiefen, unsere Gemeingüter wieder zurückerobern, als lebende Mitglieder der Eine-Erde-Familie den Planeten regenerieren, reich an Diversität und Freiheit, eins in unserer Einheit und Verbundenheit. Es ist eine gesündere Zukunft. Es ist eine Zukunft, für die wir kämpfen müssen. Es ist eine Zukunft, die wir einfordern müssen.

Wir stehen am Abgrund der Vernichtung. Werden wir es zulassen, dass wir als Menschheit, als lebende, bewusste, intelligente und autonome Wesen durch eine gierige Maschine ausgelöscht werden, die keine Grenzen kennt und die unfähig ist, ihrer Kolonialisierung und Zerstörung Einhalt zu gebieten? Oder werden wir die Maschine stoppen und unsere Menschlichkeit, unsere Freiheit und unser Recht auf Selbstbestimmung verteidigen, um das Leben auf der Erde zu beschützen?

Endnoten

Vorwort

1 Chris McDermott, ›Stephen Hawking: We Have 100 Years to Find a New Planet‹, *EcoWatch*. http://www.ecowatch.com/stephen-hawking-bbc-2392439489.html. Veröffentlicht am 4. Mai 2017.

2 Terry Gibbs, *Why the Dalai Lama is a Socialist: Buddhism and the Compassionate Society*. London: Zed Books, 2017, S. 116.

3 HH The Karmapa, Ogyen Trinley Dorje, *Interconnected: Embracing Life in Our Global Society*. Massachusetts: Wisdom Publications, 2017.

Kapitel 1
Das 1% gegenüber einer Erde, einer Menschheit

1 ›What is Happening to Agrobiodiversity?‹ http://www.fao.org/docrep/007/ y5609e/y5609e02.htm.

2 *Allgemeine Erklärung der Rechte von Mutter Erde*, http://therightsofnature.org/universal-declaration/; Valerie Cabanes, *Rights for Planet Earth: End to Crimes Against Nature*, http://valeriecabanes.eu/rights-for-planet-earth-book-release-in-india/.

3 Die Original-Definition kann hier gefunden warden: Humberto Maturana and Francisco Varela, *Autopoiesis and Cognition: The Realization of the Living*. Die erste Ausgabe wurde 1973 veröffentlicht. Die zweite Ausgabe von Robert Cohen and Marx Wartofsky (Hrsg.) *Boston Studies in the Philosophy of Science*. Dordrecht: D. Reidel Publishing Co., 1980.

4 Bruno Latour, ›On Interobjectivity‹, *Mind, Culture, and Activity*. 3, 4 (1996), S. 228-45. http.//www.bruno-latour.fr/sites/default/files/63- INTEROBJECTS-GB.pdf.

5 J.C. Bose. Unter anderem, *Plant response as a means of Physiological investigation*. London: Longmans, Green and Co., 1906; *Life Movements in Plants* (*Vol. I*), erstmals 1918 veröffentlicht und 1985 neu aufgelegt; *Life Movements in Plants* (*Vol. II*), veröffentlicht 1919; *Nervous Mechamisms of Plants*, veröffentlicht 1926; and *Growth and Tropic Movements of Plants*. London: Longmans, Green and Co., 1929.

6 J.A. Shapiro,›Bacteria are Small But Not Stupid: Cognition, Natural Genetic Engineering and Socio-Bacteriology‹, *Studies in History and Philosophy of Biological and Biomedical Sciences*. 38, 4 (2007), S. 807-19; Epub, November 19, 2007.

7 André Leu, *Poisoning Our Children*. Greeley: Acres, 2018; and Stafanie Seneff in Vandana Shiva (Hrsg.) *Seed Sovereignty and Food Security: Women in the Vanguard*. Neu-Delhi: Women Unlimited, 2015.

8 Yaneer Bar-Yam, *Dynamics of Complex Systems*. Massachusetts: Addison Wesley, 1997. http://fernandonogueiracosta.files.wordpress.com/2015/08/yaneer-bar-yam-dynamics-of-complex-systems.pdf.
9 Carl R. Woese, ›A New Biology for a New Century‹, *Microbiology And Molecular Biology Reviews*. 68, 2 (2004), S. 173–186. http://mmbr.asm.org/ content/68/2/173.full.
10 Vandana Shiva, *Who Really Feeds the World*? Neu-Delhi: Women Unlimited, 2017. ›Wer ernährt wirklich die Welt?‹ Neue Erde Verlag, 2021
11 *ANNAM: Food as Health*. Neu-Delhi: Navdanya, 2017. Siehe auch Daniel Moss and Mark Bittman, ›Bringing Farming Back to Nature‹, *The New York Times*. http://www.nytimes.com/2018/06/26/opinion/farming-organic-nature-movement.html. Veröffentlicht am 26. Juni 2018.
12 Charles Beebe, ›2016 Deadliest Yet for Environmental Defenders‹, *pantheism.com*. https://pantheism.com/2016-deadliest-yet-environmental-defenders/. Veröffentlicht am 13. Juli 2017.
13 Leonardo Maugeri, *The Age of Oil: The Mythology, History, and Future of the World's Most Controversial Resource*. Connecticut: Globe Pequot, 2007; Dale Allen Pfeiffer, *The End of the Oil Age*. Napa: Lulu Press, 2004.
14 *Manifesto On The Future Of Knowledge Systems: Knowledge Sovereignty For A Healthy Planet*, International Commission on the Future of Food and Agriculture, 2009, http://www.swaraj.org/manifesto_future.pdf.

Kapitel 2
Die Geldmaschine des 1%

1 ›An Economy for the 1%: How Privilege and Power in the Economy Drive Extreme Inequality and How This Can Be Stopped‹. Oxford: Oxfam, 18. Januar 2016. https://www.oxfam.org/sites/www.oxfam.org/files/file_attachments/bp210-economy-one-percent-tax-havens-180116-en_0.pdf.
2 ›World's eight richest people have same wealth as poorest 50%‹, *The Guardian*. https://www.theguardian.com/global-development/2017/jan/16/worldseight-richest-people-have-same-wealth-as-poorest-50. Veröffentlicht am 16. Januar 2017; ›Just 8 men own same wealth as half the world‹, Oxfam International.
https://www.oxfam.org/en/pressroom/pressreleases/2017-01-16/just-8-men-own-same-wealth-half-world. Veröffentlicht am 16. Januar 2017.
3 Thomas Piketty und Emmanuel Saez, ›Income and Wealth Inequality: Evidence and Policy Implications‹. Oktober 2014. https://eml.berkeley.edu/_saez/lecture_saez_chicago14.pdf.
4 Forbes World's Milliardär-Liste ›Just 8 men own same wealth as half the World‹, Oxfam International, 2017. http://www.oxfam.org/en/pressroom/pressreleases/2017-01-16/just-8-men-own-same-wealth-half-world.

5 Eric Briys und Francois de Varenne, *The Fisherman and the Rhinoceros: How International Finance Shapes Everyday Life*. New Jersey: Wiley, 2000.

6 Justin Podur, ›The Financial Economy and Real Economy‹, *Counter Punch*. http://www.counterpunch.org/2008/10/15/the-financial-economy-andreal-economy/. Veröffentlicht am 15. Oktober 2008.

7 Weitere Informationen zur digitalen Landwirtschaft finden Sie unter ›Digitised and Globalised Farming: What the Future Holds‹, in Susan Hawthornes *Wild Politics: Feminism, Globalisation and Bio/diversity*. Victoria: Spinifex Press, 2002, S. 236-249.

8 Joel Kurtzman, zitiert in Christopher Houghton Budd, *Finance at the Threshold: Rethinking the Real and Financial Economies*. New York: Routledge, 2016.

9 Der *Gramm-Leach-Bliley Act* (*GLBA*), auch bekannt als Financial Services Modernization Act von 1999, ist ein Gesetz des 106. Kongresses der Vereinigten Staaten (1999-2001). Er ersetzte den Glass-Steagall Act von 1933 und beseitigte Marktbarrieren für Bank-, Wertpapier- und Versicherungsunternehmen.

10 https://en.wikipedia.org/wiki/History_of_banking.

11 John Summa, ›Do Option Sellers Have a Trading Edge?‹, *Investopedia*. https://www.investopedia.com/articles/optioninvestor/03/100103.asp.

12 Andy Crowder, ›Warren Buffett's Approach to Selling Puts‹, *Wyatt Investment Research*. http://www.wyattresearch.com/article/warren-buffett-approachto-selling-puts/. Veröffentlicht am 7. März 2017.

13 Alex Cripen,›CNBC Transcript: Warren Buffett Explains His Railroad ›All-In Bet‹ on America‹, *CNBC*. https://www.cnbc.com/id/33603477. Veröffentlicht am 3. November 2009; Scott Patterson und Douglas A. Blackmon, ›Buffett Bets Big on Railroad‹, *The Wall Street Journal*. https://www.wsj.com/articles/SB10001424052748703740004574513191915147218. Aktualisiert am 4. November 2009.

14 ›Victoria Nuland's assistant arrested—Fake Billions‹, *Justice4Poland.com*. https://justice4poland.com/2016/10/13/victoria-nulands-assistantarrested-fake-billions/comment-page-1/. Veröffentlicht am 13. Oktober 2016.

15 ›Vanguard Group owns Monsanto-Academi Blackwater‹, https://edwardmd.wordpress.com/tag/vanguard-group-owns-monsanto-academiblackwater/.
Veröffentlicht am 29. August 2014; siehe auch www.academi.com.

16 Landon Thomas Jr., ›Vanguard Is Growing Faster Than Everybody Else Combined‹, *The New York Times*. https://www.nytimes.com/2017/04/14/business/mutfund/vanguard-mutual-index-funds-growth.html. Veröffentlicht am 14. April 2017; http://en.wikipedia.org/wiki/The-Vanguard-Group.

17 https://about.vanguard.com/; https://en.wikipedia.org/wiki/The_Vanguard_Group.

18 www://vanguard.com/bogle_site/sp2004wellingtonbth.html.

19 Die Zahlen für ›Vanguard's Ownership of Shares in Major Corporations‹ wurden durch Recherchen in verschiedenen Internet-Datenbanken zum Aktienbesitz von Unternehmen im Jahr 2016 zusammengestellt. Seither sind solche Abfragen blockiert worden.

Kapitel 3
Die Technologie-Maschine des 1%

1 Rosemary A. Mason, ›The sixth mass extinction and chemicals in the environment: our environmental deficit is now beyond nature's ability to regenerate‹, *Journal of Biological Physics and Chemistry*. 15, 3 (2015), S. 160-176; http://www.moraybeedinosaurs.co.uk/neonicotinoid/The_sixth_mass_extinction_and_chemicals_in_the_environment.pdf.

2 Sanjeeb Mukherjee, ›Big rise in farmer suicides in four states during 2016, says NCRB data‹, *Business Standard*. http://www.business-standard.com/article/economy-policy/big-rise-in-farmer-suicides-in-four-states-during-2016-says-ncrb-data-118032300025_1.html. Veröffentlicht am 23. März 2018; Deeptiman Tiwary, ›In 80%.farmer-suicides due to debt, loans from banks, not moneylenders‹, *The Indian Express*. http://www.indianexpress.com.article/india/in-80-farmer-sucides-due-to-debt-loans-from-banks-notmoneylenders-4462930/. Veröffentlicht am 7. Januar 2017. Siehe auch, D. Basu,D. Das, K. Misra, ›Farmer Suicides in India‹, *Economic & Political Weekly*. 51,21 (2016).

3 ›Report of the Special Rapporteur on the right to food‹, 2017. https://documents-dds-ny.un.org/doc/UNDOC/GEN/G17/017/85/PDF/G1701785.pdf?OpenElement.

4 »›Getting along with their own business‹: The secret pact of Standard Oil with the Nazis and why Adolf Eichmann was silenced«, https://www.gaby-weber.com/dwnld/artikel/eichmann/ingles/secret_pact_standard_oil.pdf.

5 »The Treason Of Rockefeller Standard Oil (Exxon) During World War II«, *The American Chronicle*. https://archive.org/stream/pdfy-eQ-GW5bGFH1v-HYJH/The%20Treason%20Of%20Rockefeller%20Standard%20Oil%20(Exxon)%20During%20World%20War%20II_djvu.txt. Veröffentlicht am 4. Februar 2012.

6 Bericht über die Untersuchung der I.G. Farbenindustrie A.G., erstellt von der Abteilung zur Untersuchung von Kartellen und Auslandsvermögen, Office of Military Government, U.S. [Germany], November 1945. http://www.markswatson.com/article-IG-Farben-investigation-1945.pdf.

7 Mira Wilkins, *The History of Foreign Investment in the United States, 1914-1945*. Massachusettes: Harvard University Press, 2009; https://books.google.co.in/books?isbn=0674045181.

8 ›The I.G. Farben Case‹, Nürnberger Militärgerichtshof Band VIII, S. 1286. https://www.phdn.org/archives/www.mazal.org/archive/nmt/08/

NMT08-T1286.htm.

9 Michael A. Whitehouse, ›Paul Warburg's Crusade to Establish a Central Bank in the United States‹, The Region. https://www.minneapolisfed.org/publications/the-region/paul-warburgs-crusade-to-establish-a-central-bankin-the-united-states. Veröffentlicht am 1. Mai 1989.

10 »The history of ›business in diseases‹«, http://www4.drrathfoundation.org/PHARMACEUTICAL_BUSINESS/history_of_the_pharmaceutical_industry.htm; ›IG Farben: Pharmaceutical Conglomerate (1916 to 2015)‹, http://www.truthwiki.org/ig-farben-pharmaceutical-conglomerate-1916-to-2015/.

11 Steven MacMillan, ›Bayer and Monsanto: A Marriage Made in Hell‹, *New Easter Outlook*. https://journal-neo.org/2016/05/21/bayer-and-monsantoa-marriage-made-in-hell/. Veröffentlicht am 21. Mai 2016.

12 ›A Bayer-Monsanto merger would violate anti-trust laws to create the largest agroindustrial company in the world‹, https://www.bayermonsantomerger.com; ›Here's How a Bayer-Monsanto Merger Affects Workers, Farmers, and Investors‹, *Fortune.com*, http://fortune.com/2016/05/24/bayer-monsanto-merger/. Veröffentlicht am 24. Mai 2016; Deidre Fulton, »Bayer-Monsanto Merger Is ›Five-Alarm Threat‹ to Food and Farms: Legal Experts«, *Common Dreams*, http://www.commondreams.org/news/2016/08/03/bayermonsanto-merger-five-alarm-threat-food-and-farms-legal-experts. Veröffentlicht am 3. August 2016; Francesco Canepa, ›Bayer could get ECB financing for Monsanto bid, rules show‹, Reuters.com, http://www.reuters.com/article/us-monsanto-bayer-ecb-idUSKCN0YG2G9. Veröffentlicht am 25. Mai 2016.

13 ›Monsanto Tribunal And People's Assembly‹, *Seedfreedom.info*. http://seedfreedom.info/campaign/international-monsanto-tribunal/.

14 ›Mergers: Commission clears Bayer's acquisition of Monsanto, subject to conditions‹, Datenbank für Pressemitteilungen der Europäischen Kommission. http://europa.eu/rapid/press-release_IP-18-2282_en.htm. Veröffentlicht am 21. März 2018.

15 ›People's Assembly on Dow-Dupont Crimes of Genocide and Ecocide‹, *Seedfreedom.info*. https://seedfreedom.info/peoples-assembly-on-dowdupont-crimes-of-genocide-and-ecocide/. Veröffentlicht am 21. November 2016.

16 »›Bayer-Monsanto: Get-Off Our Plates!‹ Town hall meeting«, *Seedfreedom.info*. https://seedfreedom.info/events/bayer-monsanto-get-off-our-platestown-hall-meeting/.

17 Amit Sen Gupta, ›Bayer Sues Indian Government to Retain Monopoly Right‹, *Political Affairs*. http://www.politicalaffairs.net/bayer-sues-indiangovernment-to-retain-monopoly-right/. Veröffentlicht am 10. Februar 2009.

18 Chris Neiger, ›A $3 Trillion Market in 2020: 3 Sectors You Need to Watch‹, *The Motley Fool*, https://www.fool.com/investing/general/2016/04/17/a-

3-trillion-market-in-2020-3-sectors-you-need-t-2.aspx. Veröffentlicht am Aril 17, 2016. Siehe auch: ›Monsanto to Acquire The Climate Corporation, Combination to Provide Farmers with Broad Suite of Tools Offering Greater On-Farm Insights‹, https://monsanto.com/news-releases/monsanto-to-acquire-theclimate-corporation-combination-to-provide-farmers-with-broad-suite-oftools-offering-greater-on-farm-insights/. Veröffentlicht am 2. Oktober 2013; und ›The Climate Corporation Announces Acquisition of Soil Analysis Business Line of Solum Inc.‹, https://climate.com/newsroom/climate-corp-acquiressoil-analysis-business-line/2. Veröffentlicht am 20. Februar 2014.

19 Lily Kay, *The Molecular Vision of Life*. Oxford: Oxford University Press, 1992, S. 8.

20 Ebd., S. 27.

21 Ebd. S. 27, 34.

22 Kay, a.a.O.

23 Richard C. Lewontin, *Biology as Ideology: The Doctrine of DNA*. London: Penguin Books, 1991.

24 Carl R. Woese, ›A New Biology for a New Century‹, *Microbiology And Molecular Biology Reviews*. 68, 2 (2004), S. 173–186. http://mmbr.asm.org/content/68/2/173.full.

25 ›Seeds of Suicide‹, Research Foundation for Science, Technology and Ecology (RFSTE), 1999.

26 *RFSTE*, Navdanya's Arbeit in Vidarbha und eine Analyse des National Crime Records Bureau (NCRB) geben Daten über Selbstmorde in der Bt-Baumwollanbauregion an.

27 Peng Wan, Yunxin Huang, Huaiheng Wu, Minsong Huang, Shengbo Cong, et. al., ›Increased Frequency of Pink Bollworm Resistance to Bt Toxin Cry1Ac in China‹. *PLOS ONE*. 7, 1 (2012), e29975. http://journals.plos.org/plosone/article?id=10.1371/journal.pone.0029975; Bruce E. Tabashnik, Thierry Brévault and Yves Carrière, ›Insect Resistance to Bt crops: Lessons from the First Billion Acres‹. *Nature Biotechnology*. 31, (2013), S. 510–521. http://www.nature.com/nbt/journal/v31/n6/abs/nbt.2597.html?foxtrotcallback=true; https://ucanr.edu/repositoryfiles/ca5206p14-67769.pdf.

28 Pavan Dahat, ›9 farmers die in Yavatmal after spraying insecticide on crops‹, *The Hindu*. http://www.thehindu.com/news/national/otherstates/9-farmers-die-in-yavatmal-after-spraying-insecticide-on-crops/article19758683.ece. Veröffentlicht am 26. September 2017.

29 Priyanka Kakodkar and Bhavika Jain, ›Pesticide toll at 35, Maharashtra forms SIT‹, The Times of India. https://timesofindia.indiatimes.com/city/mumbai/pesticide-toll-at-35-maharashtra-forms-sit/articleshow/61029909.cms. Veröffentlicht am 11. Oktober 2017.

30 Priyanka Kakodkar and Bhavika Jain, ›SIT to probe 35 Vidarbha pesticide deaths, FIR filed against agro firm‹, *The Times of India*. https://timesofindia.indiatimes.com/city/mumbai/sit-to-probe-35-vidarbha-pesticide-deaths-firfiled-against-agro-firm/articleshow/61028959.cms. Veröffentlicht am 11. Oktober 2017; ›Devendra Fadnavis orders SIT probe into farmer deaths due to pesticides poisoning in Vidarbha; agro firm booked‹, *First Post*. http://www. firstpost.com/india/devendra-fadnavis-orders-sit-probe-into-farmer-deathsdue- to-pesticides-poisoning-in-vidarbha-agro-firm-booked-4132025.html. Veröffentlicht am 11. Oktober 2017; Swapnil Rawal, ›Pesticides kill 28 farmers: Maharashtra government orders third probe‹, *Hindustan Times*. http://www. hindustantimes.com/mumbai-news/pesticides-kill-28-farmers-maharashtragovernment- orders-third-probe/story-lpBFnJnlx9spPf-FSqfRVdO.html. Veröffentlicht am 11. Oktober 2017; Bhavika Jain, Mazhar Ali, Shakti Singh and Priyanka Kakodkar, ›CM orders SIT to probe pesticide deaths in Vid‹, *The Times of India*. https://timesofindia.indiatimes.com/city/nagpur/cm-orderssit- to-probe-pesticide-deaths-in-vid/articleshow/61028159.cms. Veröffentlicht am 11. Oktober 2017.

31 Mayank Bhardwaj, ›Andhra Pradesh revokes order to check planting of Monsanto GM cotton‹, *Reuters*. http://in.reuters.com/article/indiamonsanto-cotton-andhrapradesh/andhra-pradesh-revokes-order-to-checkplanting-of-monsanto-gm-cotton-idINKBN1CJ0HD?utm_campaign=trueAnthem:+Trending+Content&utm_content=59e2199004d3014fb286eacf&utm_medium=trueAnthem&utm_source=twitter. Veröffentlicht am 14. Oktober 2017.

32 ›The Toxic Story of Roundup: Freedom from the Poison Cartel through Agroecology‹, Navdanya, 2017. http://seedfreedom.info/wp-content/uploads/2017/09/The-Toxic-Story-of-RoundUp.pdf.

33 Ruchi Shroff, ›New Study Shows Glyphosate Contaminates Soils – Half of Europe At Risk‹, Navdanya. https://www.navdanyainternational.it/en/newsnavdanya-international/464-glyphosate-contaminates-soils. Veröffentlicht am 19. Oktober 2017; »High levels of glyphosate in agricultural soil: ›Extension of approval not prudent.‹«, Wageningen University & Research. https://www.wur.nl/en/newsarticle/High-levels-of-glyphosate-in-agricultural-soil-Extension-of-approval-not-prudent.-.htm. Veröffentlicht am 16. Oktober 2017.

34 Kathryn Z. Guyton, et. all., ›Carcinogenicity of tetrachlorvinphos, parathion, malathion, diazinon, and glyphosate‹, *The Lancet Oncology*. 16, 5 (2015), S. 490-491; http://www.thelancet.com/journals/lanonc/article/PIIS1470-2045(15)70134-8/abstract.

35 James Corbett, ›Court Documents Reveal the Inner Workings of a Monsanto Smear Campaign‹, *Steemit.com*. https://steemit.com/news/@corbettreport/

court-documents-reveal-the-inner-workings-of-a-monsantosmear-campaign. Veröffentlicht am 5. August 2017.

36 Helmut Burtscher-Schaden, Peter Clausing and Claire Robinson, ›Glyphosate and cancer: Buying science‹, GLOBAL 2000. https://www. global2000.at/sites/global/files/Glyphosate_and_cancer_Buying_science_EN_0.pdf. Veröffentlicht im März 2017;
Cary Gillam, »New ›Monsanto Papers‹ Add To Questions Of Regulatory Collusion, Scientific Mischief «, *Huffington Post.com*. https://www.huffingtonpost.com/entry/newly-released-monsantopapers-add-to-questions-of_us_597fc800e4b0d187a5968fbf. Veröffentlicht am 1. August 2017;
›The Monsanto Papers: Roundup (Glyphosate) Cancer Case Key Documents & Analysis‹, U.S. Right to Know (USRTK). https://usrtk.org/pesticides/mdl-monsanto-glyphosate-cancer-case-key-documentsanalysis/; Jennifer Sass, ›European Parliament Takes Aim at Monsanto and Glyphosate‹, NRDC. https://www.nrdc.org/experts/jennifer-sass/european-parliament-takes-aim-monsanto-and-glyphosate. Veröffentlicht am 9. Oktober 2017.

37 Liz Gannes, ›Silicon Valley Big-Data Startup Bought for $1B by…Monsanto?‹, *All Things Digital*. http://allthingsd.com/20131002/siliconvalley-big-data-startup-bought-for-1b-by-monsanto/. Veröffentlicht am 2. Oktober 2013; ›The Climate Corporation Announces Acquisition of Soil Analysis Business Line of Solum, Inc.‹, https://monsanto.com/newsreleases/the-climate-corporation-announces-acquisition-of-soil-analysisbusiness-line-of-solum-inc/. Veröffentlicht am 20. Februar 2014.

38 Siehe; https://climate.com/.

39 Greg Trotter, ›What Monsanto's venture capital group has in common with the CIA‹, *Chicago Tribune*. http://www.chicagotribune.com/business/ct-monsanto-growth-ventures-1209-biz-20161209-story.html. Veröffentlicht am 9. Dezember 2016.

40 Amanda Little, ›This Silicon Valley hotshot is modernizing one of the world's most conservative industries‹, *Grist*. https://grist.org/article/this-silicon-valley-hotshot-is-modernizing-one-of-the-worlds-most-conservative-industries. Veröffentlicht am 1. Februar 2016.

41 Ed Yong, ›The White House Launches the National Microbiome Initiative‹, The Atlantic. https://www.theatlantic.com/science/archive/2016/05/whitehouse-launches-the-national-microbiome-initiative/482598/. Veröffentlicht am 13. Mai 2016.

42 Papst Alexander VI, *Inter caetera* (4. Mai 1493). Quelle der Transkription: Frances Gardiner Davenport (Hrsg.), Europäische Verträge zur Geschichte der Vereinigten Staaten und ihrer Abhängigkeiten bis 1648. Washington, D.C.: Carnegie Institution of Washington, 1917, S. 61-63.

43 ›Who is Bill Gates? Microsoft founder, world's richest man and Philanthro-

pist‹, *The Telegraph.* http://www.telegraph.co.uk/technology/0/bill-gates/. Veröffentlicht am 1. August 2017.

44 Julie Bort, ›This Is The Man Who's Making Bill Gates So Rich‹, *Business Insider India.* http://www.businessinsider.in/This-Is-The-Man-Whos-Making-Bill-Gates-So-Rich/articleshow/42939699.cms. Veröffentlicht am 20. September 2014.

45 Michael Miller, ›The Rise of DOS: How Microsoft Got the IBM PC OS Contract‹, *PC Magazine.* http://in.pcmag.com/opinion/42422/the-rise-ofdos-how-microsoft-got-the-ibm-pc-os-contract. Veröffentlicht am 11. August 2011; John G. Kemeny, Thomas E. Kurtz, *Basic: A Manual for BASIC, the Elementary Algebraic Language Designed For Use With the Dartmouth Time Sharing System.* (PDF, 1st edition). New Hampshire: Dartmouth College Computation Center, 1964;›Thomas E. Kurtz-History of Computer Programming Languages‹, cis-alumni.org. Abgerufen am 13. Juni 2017.

46 Dolia Estevez, ›Bill Gates And Carlos Slim To Partner On Reducing Hunger‹, *Forbes.* http://www.forbes.com/sites/doliaestevez/2013/02/13/bill-gates-and-carlos-slim-to-partner-on-reducing-hunger/#532c6d5f3049. Veröffentlicht am 13. Februar 2013.

47 Glenn Davis Stone und Domonic Glover, ›Disembedding grain: Golden Rice, the Green Revolution, and heirloom seeds in the Philippines‹, *Journal of the Agriculture, Food, and Human Values Society.* 34, 1 (2017), S. 87-102. http://link.springer.com/article/10.1007/s10460-016-9696-1.

48 Allison Wilson, »Goodbye to Golden Rice? GM Trait Leads to Drastic Yield Loss and ›Metabolic Meltdown‹«, *Independent Science News.* https://www.independentsciencenews.org/health/goodbye-golden-rice-gm-traitleads-to-drastic-yield-loss/. Published on October 25, 2017;
›Nutritious Rice and Cassava Aim to Help Millions Fight Malnutrition | Bill & Melinda Gates Foundation‹, Medienmitteilung der Bill and Melinda Gates Foundation (2011). https://www.gatesfoundation.org/Media-Center/Press-Releases/2011/04/ Nutritious-Rice-and-Cassava-Aim-to-Help-Millions-Fight-Malnutrition;
›HarvestPlus Receives US$6 Million Gates Foundation Grant to Disseminate Biofortified Sweetpotato to the Undernourished in Africa‹, Medienmitteilung der Bill and Melinda Gates Foundation (2015). https://www.gatesfoundation.org/Media-Center/PressReleases/2005/12/HarvestPlus-Nourishes-East-Africa.

49 Vandana Shiva, »GE Vitamin ›A‹ Rice: A Blind Approach to Blindness Prevention«. http://www.amberwaves.org/articlePages/articles/shiva/getVitamin.pdf.

50 Vandana Shiva, ›Women and Biodiversity Feed the World, Not Corporations and GMOs‹, *Common Dreams.* http://www.commondreams.org/

views/2015/05/20/women-and-biodiversity-feed-world-not-corporations-and-gmos. Veröffentlicht am 20. Mai 2015.
51 ›Gates Foundation Grants Additional $6.4 million to Cornell's Controversial Alliance for Science‹, *Independent Science News*. https://www.independentsciencenews.org/news/gates-foundation-grants-additional-6-4million-to-cornells-controversial-alliance-for-science/. Veröffentlicht am 1. November 2017.
52 *Smart Breeding*, Greenpeace International, November 2009. http://www.greenpeace.org/eu-unit/Global/eu-unit/reports-briefings/2009/11/smart-breeding.pdf.
53 http://www.pricklyresearch.com/AutoIndex/index.php?dir=digitalgenebanking/&file=DivSeek_Paper_25May2016.pdf.
54 ›Agricultural Development: Strategy Overview‹, Bill and Melinda Gates Foundation. http://www.gatesfoundation.org/What-We-Do/Global-Development/Agricultural-Development/Agriculture-Partners.
55 Matthew Herper, ›Bill Gates And 13 Other Investors Pour $120 Million Into Revolutionary Gene-Editing Startup‹, *Forbes*. https://www.forbes.com/sites/matthewherper/2015/08/10/bill-gates-and-13-other-investors-pour-120-million-into-revolutionary-gene-editing-startup/#5555ca6f6369. Veröffentlicht am 10. August 2015. Siehe auch ›The Genesis Engine‹, *Wired*. https://www.wired.com/2015/12/the-genesis-engine/. Veröffentlicht am 21. Dezember 2015.
56 Kellie A. Schaefer, Wen-Hsuan Wu, Diana F. Colgan, Stephen H. Tsang, Alexander G. Bassuk, and Vinit B. Mahajan, ›Unexpected mutations after CRISPR-Cas9 editing in vivo‹, *Nature Methods*. 14, 6 (2017), S. 547-548. doi:10.1038/nmeth.4293.
57 Franziska Fichtner, Reynel Urrea Castellanos and Bekir Ülker, ›Precision genetic modifications: a new era in molecular biology and crop improvement‹, *Planta*. 239, 4 (2014), S. 921-39. https://doi.org/10.1007/s00425-014-2029-y.
58 Yanfang Fu, Jennifer A. Foden, Cyd Khayter, Morgan L. Maeder, Deepak Reyon, J. Keith Joung and Jeffry D. Sander, ›High-frequency off-target mutagenesis induced by CRISPR-Cas nucleases in human cells‹, *Nature Biotechnology*. 31, 9 (2013), S. 822-26. doi:10.1038/nbt.2623.
59 Matthew Herper, ›Bill Gates And 13 Other Investors Pour $120 Million Into Revolutionary Gene-Editing Startup‹, *Forbes*. https://www.forbes.com/sites/matthewherper/2015/08/10/bill-gates-and-13-other-investorspour-120-million-into-revolutionary-gene-editing-startup/#5555ca6f6369. Veröffentlicht am 10. August 2015.
60 Sharon Begley, ›CRISPR Patent Fight: The Legal Bills are Soaring‹, *STAT News*. https://www.statnews.com/2016/08/12/crispr-patent-fight-legal-bills-soaring/. Veröffentlicht am 16. August 2016.

61 ›Bayer and CRISPR Therapeutics joint venture, named Casebia Therapeutics, establishes operations in Cambridge, MA‹, Bayer Global media release. http://www.press.bayer.com/baynews/baynews.nsf/id/Bayer-CRISPR-Therapeutics-joint-venture-named-Casebia-Therapeuticsestablishes-operations-Cambridge. Veröffentlicht am 19. August 2016.

62 John Carroll, ›Bayer bets $335M on CRISPR Therapeutics and the future of gene editing‹, *Fierce Biotech*. https://www.fiercebiotech.com/partnering/bayer-bets-335m-on-crispr-therapeutics-and-future-of-gene-editing. Veröffentlicht am 21. Dezember 2015.

63 Andrew Pollack, ›Jennifer Doudna, a Pioneer Who Helped Simplify Genome Editing‹, *The New York Times*. http://www.nytimes.com/2015/05/12/science/jennifer-doudna-crispr-cas9-genetic-engineering.html?_r=0. Veröffentlicht am 11. Mai 2015.

64 ›Monsanto (MON) Enters Global Genome-Editing Licensing Agreement for CRISPR System‹, *StreetInsider.com*. http://www.streetinsider.com/Corporate+News/Monsanto+(MON)+Enters+Global+Genome-Editing+Licensing+Agreement+for+CRISPR+System/12390427.html. Veröffentlicht am 4. Januar 2017.

65 Mahendra Singh, ›Note ban bold, will kill shadow economy: Bill Gates‹, *The Times of India*. http://timesofindia.indiatimes.com/Note-ban-bold-willkill-shadow-economy-Bill-Gates/articleshow/55468005.cms. Veröffentlicht am 17. November 2016.

66 *An Economy For the 1%*, Oxfam International. https://www.oxfam.org/en/research/economy-1. Veröffentlicht am 18. Januar 2016; *An Economy for the 99%*, Oxfam International. https://www.oxfam.org/en/research/economy-99. Veröffentlicht am 16. Januar 2017; Reward Work, Not Wealth, Oxfam International. https://www.oxfam.org/en/research/reward-work-not-wealth. Veröffentlicht am 22. Januar 2018.

67 Charles Pillers, ›How Piracy Opens Doors for Windows‹, *Los Angeles Times*. http://articles.latimes.com/2006/apr/09/business/fi-micropiracy9. Veröffentlicht am 9. April 2006.

68 ›A Well-Kept Open Secret: Washington is behind India's Brutal Experiment of Abolishing Most Cash‹, http://norberthaering.de/en/home/27-german/news/745-washington-s-role-in-india#weiterlesen. Veröffentlicht am 1. Januar 2017.

69 ›GST Launch Highlights: President Pranab Mukherjee, PM Modi Launch India's Biggest Tax Reform‹, *NDTV*. https://www.ndtv.com/india-news/live-gst-launch-2017-government-to-rollout-the-biggest-tax-reform-atmidnight-1718823. Veröffentlicht am 1. Juli 2017.

70 https://www.microsoft.com/en-in/campaign/microsoft-gst/registration.aspx; Jasmeen Nagpal, ›EasemyGST partners with Microsoft to launch GST

compliance solution‹, Microsoft News Centre India. https://news.microsoft.com/en-in/easemygst-partners-microsoft-launch-gst-compliance-solution/. Veröffentlicht am 25. Mai 2017; https://mbs.microsoft.com/customersource/Global/AX/downloads/tax-regulatory-updates/GST-India.

71 Pranbihanga Borpuzari, ›Sun shines for Cloud, but GST can be pivotal for Microsoft‹, *The Economic Times*. //economictimes.indiatimes.com/articleshow/59572969.cms?utm_source=contentofinterest&utm_medium=text&utm_campaign=cppst;https://economictimes.indiatimes.com/small-biz/security-tech/technology/sun-shines-for-cloud-but-gstcan-be-pivotal-for-microsoft/articleshow/59572969.cms. Veröffentlicht am 13. Juli 2017.

72 William New and Catherine Saez, »Bill Gates Calls For ›Vaccine Decade‹; Explains How Patent System Drives Public Health Aid«, *Intellectual Property Watch*. https://www.ip-watch.org/2011/05/17/bill-gates-calls-for-vaccinedecade-explains-how-patent-system-drives-public-health-aid/. Veröffentlicht am 17. Mai 2011.

73 ›The CDC, NIH & Bill Gates Own the Patents On Existing Ebola & Related Vaccines: Mandatory Vaccinations Are Near‹, *Thecommonsenseshow.com*. http://www.thecommonsenseshow.com/2014/09/17/the-cdc-nihbill-gates-own-the-patents-on-existing-ebola-related-vaccines-mandatoryvaccinations-are-near/.

74 John Vidal, ›Bill Gates backs climate scientists lobbying for largescale geoengineering‹, *The Guardian*. https://www.theguardian.com/environment/2012/feb/06/bill-gates-climate-scientists-geoengineering. Veröffentlicht am 6. Februar 2012.

75 Vidal, a.a.O.

76 Katherine Edwards, ›Why the Big History project funded by Bill Gates is alarming‹, *The Guardian*. http://www.theguardian.com/commentisfree/2014/sep/10/big-history-bill-gates-uk-state-schools-education. Veröffentlicht am 10. September 2014.

77 Aktionärslisten des Giftkartells, 2016. Diese Zahlen wurden beim Monsanto-Tribunal und bei der Volksversammlung sowie bei den Aktionärsversammlungen von Bayer-Monsanto verteilt. Solche Nachforschungen werden immer schwieriger, da die öffentlichen Informationen aus dem Internet gelöscht werden.

Kapitel 4
Wie das 1% die Demokratie untergräbt

1 M.K. Gandhi, *Panchayat Raj*. Ahmedabad: Navajivan, 1996, S. 11-12.

2 Vandana Shiva und Vaibhav Singh, *Wealth per Acre*. New Delhi: Natraj Publishers, 2015.

3 Ernst F. Schumacher, *Small Is Beautiful: Economics As If People Mattered*, erstmals veröffentlicht in 1973; New York: Harper & Row.

4 Maria Popova, ›Buddhist Economics: How to Start Prioritizing People Over Products and Creativity Over Consumption‹, *Brainpickings.org*. https://www.brainpickings.org/2014/07/07/buddhist-economics-schumacher/.

5 R.K. Prabhu und V.R. Rao (Hrsg.) *From the Mind of Mahatma Gandhi*. Ahmedabad: Navajivan, 1966, Kapitel 87. http://www.mkgandhi.org/ebks/mindofmahatmagandhi.pdf.

6 MK Gandhi, *Hind Swaraj*. Ahmedabad: Navajivan, 1996, S. 58.

7 ›Seed Satyagraha (Civil Disobedience To End Seed Slavery)‹, *Seedsfreedom.info*. https://Seedfreedom.Info/Campaign/Seed-Satyagraha-Civil-Disobedience-To-End-Seed-Slavery/. Veröffentlicht am 8. September 2015.

8 ›Govt to introduce edible oil in PDS channel from June‹, *The Economic Times*. https://economictimes.indiatimes.com/news/economy/policy/govt-tointroduce-edible-oil-in-pds-channel-from-june/articleshow/2999261.cms. Veröffentlicht am 30. April 2008.
Siehe auch: Ramesh Chand, ›Need to evaluate free edible oil import‹, *Business Standard*. https://www.business-standard.com/article/opinion/need-to-evaluate-free-edible-oil-import-118052900002_1.html. Veröffentlicht am 29. Mai 2018; and Anindita Dey, ›Food ministry seeks pulses, edible oil subsidy extension‹, *Business Standard*. https://www.business-standard.com/article/markets/food-ministry-seeks-pulses-edibleoil-subsidy-extension-111022500028_1.html. Veröffentlicht am 20. Januar 2013.

9 ›Uttarakhand HC Declares Air, Glaciers, Forests, Springs, Waterfalls etc. as Legal Persons [Read Judgment]‹, *Livelaw News Network*. http://www.livelaw.in/uttarakhand-hc-declares-air-glaciers-forests-springs-waterfalls-etc-legalpersons/. Veröffentlicht am 1. April 2017.

10 Chris McDermott, ›Stephen Hawking: We Have 100 Years to Find a New Planet‹, *Eco Watch*. http://www.ecowatch.com/stephen-hawkingbbc-2392439489.html. Veröffentlicht am 4. Mai 2017, 2017;
Sarah Knapton, ›Tomorrow's World Returns To BBC with Startling Warning from Stephen Hawking – We Must Leave Earth‹, *The Telegraph*. http://www.telegraph.co.uk/science/2017/05/02/tomorrows-world-returns-bbc-startling-warning-stephen-hawking/. Veröffentlicht am 2. Mai 2017.

11 Hannah Osborne, ›Elon Musk Reveals Vision for a SpaceX City on Mars‹, *Newsweek*. http://www.newsweek.com/elon-musk-mars-spacex-martian-city-625994. Veröffentlicht am 15. Juni 2017.

Weitere Titel bei Neue Erde

Agrarökologie versus Agrarindustrie

In dieser Abrechnung der Aktivistin Vandana Shiva wird eindrucksvoll dargelegt, wie die Agrargroßindustrie mit Chemie und Gentechnik den Planeten plündert, die Lebenswelt zugrunderichtet und unsere Gesundheit untergräbt. Und sie zeigt faktenreich und sachkundig auf, wer wirklich unsere Nahrungsgrundlage sicherstellt und wie wir den Hunger besiegen und unsere Nahrungssicherheit wieder herstellen können.

Nur 30 Prozent der von den Menschen verzehrten Lebensmittel stammen aus industriellen Großbetrieben, 70 Prozent aus kleinen, biologisch vielfältigen Betrieben. Dafür werden 75 Prozent der ökologischen Zerstörung unseres Bodens, unseres Wassers und unserer biologischen Vielfalt durch industrielle Anbaumethoden verursacht, und 40 Prozent der Klimaverwüstung, die wir heute erleben, ist auf die industrielle globalisierte Landwirtschaft zurückzuführen.

Das heißt: Die industrielle Landwirtschaft wird, bis sie auch nur 40 Prozent unserer Nahrungsmittelversorgung bereitstellen kann, 100 Prozent unserer ökologischen Lebensgrundlage zerstört haben. Dies ist ein Rezept für unser Aussterben, nicht für die Ernährung der Welt.

Der biologische Anbau in landwirtschaftlichen Betrieben und Gärten überall muss zur planetarischen Mission werden. Wir müssen für ein Ernährungs- und Landwirtschaftssystem innovativ tätig werden, das die Erde, unsere Gemeinschaften, unsere Städte und unsere Gesundheit regeneriert. Das ist Agrarökologie.

Vandana Shiva
Wer ernährt die Welt wirklich?
Das Versagen der Agrarindustrie und die
notwendige Wende zur Agrarökologie
Mit einer aktuellen Ergänzung zu Ag One:
Die Rekolonialisierung der Landwirtschaft
Klappenbroschur, 240 Seiten
ISBN 978-3-89060-798-6

Die globale Lage auf der Kippe

Nur die eine Erde erklärt die planetarischen Lebenserhaltungssysteme in ihrer Ganzheit, bietet eine umfassende Gesamtdarstellung der globalen ökologischen Krise und zeigt die uns verbleibenden Optionen auf, um ein zuträgliches Klima und die noch vorhandene Artenvielfalt zu retten, die Verseuchung zu beenden und die Ökosphäre dieses Planeten zu heilen.

Auch das Gleichgewicht der menschlichen Gesundheit können wir nicht vom Gleichgewicht des Planeten trennen, denn die Gesundheit des Menschen beruht auf der Gesundheit des Planeten. Es ist nicht nur unsere Gesundheit, die zusehends schwindet (und das nicht erst seit der Corona-Krise), sondern das ganze Netz der Lebenserhaltungssysteme der Erde.

Fred Hageneder
Nur die eine Erde
Globaler Zusammenbruch oder
globale Heilung – unsere Wahl
Klappenbroschur, 384 Seiten, mit 25 Abbildungen
ISBN 978-3-89060-796-2

Das *ganze* Leben der Bäume

Dieses Buch bietet eine kompakte Übersicht über Biologie und Ökologie der Bäume und viele wenig bekannte Tatsachen über die Bedeutung der Wälder für den Planeten. Es führt uns in das Innere der Bäume, die faszinierende Welt der Zellen und Moleküle, erklärt die elektromagnetischen Kraftfelder und wie Bäume mit Hilfe von Licht kommunizieren. In zweiten Teil geht es um die tiefe kulturelle Verbindung des Menschen mit den Bäumen von der Steinzeit bis heute (»die uralte Freundschaft von Baum und Mensch«), und im dritten Teil werden die wichtigsten heimischen Bäume in ausführlichen Porträts vorgestellt.

Dieses Buch ist das maßgebliche Standardwerk, das zeigt, welche Bedeutung den Bäumen nicht nur für das globale Klima, sondern auch für Leib und Seele von uns allen zukommt.

Fred Hageneder
Der Geist der Bäume
Eine ganzheitliche Sicht ihres unerkannten Wesens
Hardcover, 416 Seiten,
238 teils farbige Abbildungen, Lesebändchen
ISBN 978-3-89060-632-3

Wie geht Klima-Heilung?

Es ist ein seltsamer Widerspruch: Eigentlich weiß jeder, wie dramatisch die globale Lage ist, aber unsere Reaktion auf diese alles Leben bedrohende Situation steht in keinem Verhältnis dazu. Wir tun so, als wäre das alles noch weit weg. So können wir Wut, Trauer und Schmerz ausweichen – und fahren blindlings gegen die Wand. Jack Adam Weber fordert uns auf, uns unserem Schmerz zu stellen, denn eben hier liegt die Quelle der Kraft, um den nötigen Wandel einzuleiten: in uns und damit in der Welt.

Jack Adam Weber
Klima-Heilung
Den Wandel einleiten: in uns und damit in der Welt
Klappenbroschur, 400 Seiten
ISBN 978-3-89060-789-4

Alles teilt den einen Atem

Diese brandaktuelle Sammlung von Essays, geschrieben von Leitfiguren der Spiritualität und des Naturschutzes rund um die Welt, beleuchtet den grundlegenden Zusammenhang unserer gegenwärtigen ökologischen Krise mit unserem fehlenden Bewusstsein für die Heiligkeit der Schöpfung. Diese 20 Beiträge zeigen uns, wie die Menschheit ihre Beziehung zur Erde wandeln und erneuern kann.

Buch-Trailer

Llewellyn Vaughan-Lee (Hrsg.)
Spirituelle Ökologie
Der Ruf der Erde
Paperback, 256 Seiten
ISBN 978-3-89060-654-5

**Der Mensch wird die Erde nicht retten…
aber vielleicht die Erde den Menschen**

Die Vorstellung vom Menschen als dem denkenden Wesen und vom Rest der Welt als der unbewussten Biosphäre ist noch relativ jung – und völlig falsch. In ihrer Rückschau in die Menschheitsgeschichte, durch ihre Fragen, was Geist, Gehirn und Denken eigentlich sind, und in ihrer Betrachtung der Lebensstufen des Menschen legt Dolores LaChapelle überzeugend dar, dass nur-menschliches Wissen allein nicht ausreicht, um ein globales ökologisches Gleichgewicht zu erreichen. Vielmehr muss sich unser menschlicher Geist wieder dem Geist-im-Großen, der Weisheit der Erde anschließen.

Dolores LaChapelle
Weisheit der Erde
Von der Erde lernen heißt leben lernen
Paperback, 384 Seiten, mit 25 s/w-Fotos
ISBN 978-3-89060-610-1

Die Lust am einfachen Leben

Eine waschechte Großstädterin merkt in der Mitte ihres Lebens, dass der Reiz der Stadt dahin ist. In Lärm und Hektik war ihr ihre ursprüngliche kindliche Lebendigkeit verlorengegangen. Auf der Suche danach und einem besseren Leben, geht sie bewusst den Schritt zurück aufs Land, verwandelt ein Waldstück in einen Garten. In diesem leisen Buch berichtet sie uns von ihren Erlebnissen und Gedanken.

Anja Mertens
Waldwandel
Von einer, die auszog, auf dem Lande zu leben
Paperback, 144 Seiten
ISBN 978-3-89060-723-8

Grenzerfahrung in der Wildnis

Dies ist das Tagebuch einer Wanderung quer durch Norwegen, unternommen von Maria Grøntjernet im Alter von 16 Jahren. Sie lässt uns durch ihre unverstellte Erzählweise und großartigen Fotos am Abenteuer ihres Lebens teilhaben, das sie in Norwegen berühmt machte: als »Vilmarksjenta«, Wildnismädchen.

Maria Grøntjernet
Wildnismädchen
Quer durch Norwegen zu mir selbst
Klappenbroschur, 208 Seiten, mit mehr als 100 Farbfotos
ISBN 978-3-89060-755-9

Die Wildnis als Spiegel unserer Seele

Dieses Buch ist eine Einladung, die wilden Landschaften der Erde kennenzulernen, um uns selbst darin wiederzufinden: unser wahrhaftiges und tiefes, unser wildes und freies Selbst. Denn die Landschaften und ihre Attribute finden sich in uns: die Stille der Wüste, die Weisheit der Wälder, die Sehnsucht der Flüsse und Meere, die Festigkeit der Berge oder die Sinnlichkeit der Graslande. Unsere Seele ist der Erde entsprungen, und wir müssen sie wieder mit ihr verbinden, wenn wir ganz und heil sein wollen. Dazu ist dieses Buch ein faszinierender Reiseführer.

Mary Reynolds Thompson
Der Ruf der wilden Seele
Wie uns die Landschaften der Erde
unsere Ganzheit zurückgeben
Paperback, 224 Seiten
ISBN 978-3-89060-729-0

---

www.neue-erde.de